RUPRECHT POLENZ

TU WAS!

Kurze Anleitung
zur Verteidigung der Demokratie

C.H.BECK

Originalausgabe
© Verlag C.H.Beck oHG, München 2024
Alle urheberrechtlichen Nutzungsrechte bleiben vorbehalten.
Der Verlag behält sich auch das Recht vor, Vervielfältigungen dieses
Werks zum Zwecke des Text and Data Mining vorzunehmen.
www.chbeck.de
Umschlaggestaltung: Kunst oder Reklame, München
Satz: C.H.Beck.Media.Solutions, Nördlingen
Druck und Bindung: Pustet, Regensburg
Printed in Germany
ISBN 978 3 406 82398 5

verantwortungsbewusst produziert
www.chbeck.de/nachhaltig

Es gibt nichts Gutes.
Außer: man tut es.

Erich Kästner

Inhalt

Vorbemerkung

Man wird nicht *als* Demokratin oder *als* Demokrat geboren. Aber wenn man großes Glück hat, wird man *in* eine Demokratie geboren. Davon gibt es nur 21 auf der Welt, wie der Economist in seinem Democracy Index feststellt.[1]

Wenn Sie also in Deutschland geboren wurden, und nicht in Ägypten oder gar in Russland oder Nordkorea, haben Sie in der Geburtslotterie das große Los gezogen. Aber mit der Demokratie ist es wie mit dem Sechser im Lotto: Man muss das Geld gut anlegen, sonst ist es schneller weg, als man denkt. Oder mit den Worten von Goethe: Was Du ererbt von Deinen Vätern, erwirb es, um es zu besitzen.

Davon handelt dieses Buch. Sie müssen etwas dafür tun, damit unsere Demokratie erhalten bleibt. Denn sie ist in Gefahr und auf jeden Einzelnen von uns angewiesen. Sie wird von inneren und äußeren Feinden angegriffen. Aber genauso gefährlich ist die distanzierte Gleichgültigkeit vieler, obwohl sie sich selbst als Demokratinnen und Demokraten verstehen. Demokratien sterben langsam – und es wird nicht geklingelt.

Jeder Blick auf andere Länder zeigt, dass es sich lohnt, in einer Demokratie zu leben. Was Demokratie bedeutet, versteht man dort besser, wo sie fehlt. Was die Deutschen an der Weimarer Republik hatten, haben viele erst verstanden, nachdem sie in der Nazi-Diktatur aufgewacht waren.

Die Westdeutschen haben nach 1945 eine zweite Chance bekommen. Die Deutschen in der DDR haben sie sich 1989 erkämpft. Verspielen wir diese Chance nicht. Demokratie ist kein Zuschauersport. Sie funktioniert nur, wenn Sie und alle anderen, denen sie am Herzen liegt, sich dafür engagieren.

Ich möchte Ihnen zeigen, was Demokratie für Ihr Leben bedeutet und wodurch sie gefährdet wird. Ich möchte Sie ermutigen, etwas für unsere Demokratie zu tun, und mache dafür ganz konkrete Vorschläge. Es ist bestimmt einer dabei, der von Ihnen in die Tat umgesetzt werden kann.

Zum Schluss möchte ich Ihnen darlegen, dass wir auch die Zukunft als Demokratie besser meistern können als jedes autoritäre oder diktatorische System.

ERSTER TEIL

WAS DEMOKRATIE FÜR UNS BEDEUTET

Wir dürfen verschieden sein. Unsere Würde ist unantastbar. «Die Menschenwürde zu achten und zu schützen ist Verpflichtung aller staatlichen Gewalt» (Art. 1 Abs. 1 GG). Menschenwürde bedeutet, von anderen als würdig behandelt zu werden und alle (!) anderen Menschen in ihrer Würde zu respektieren.

Demokratie schützt unsere Freiheit, unser Leben so zu leben, wie es uns gefällt, solange wir die gleiche Freiheit der anderen dadurch nicht einschränken. Demokratie heißt, dass man sich aushält.

Staat und Gesellschaft sind getrennt. Der Staat soll der Gesellschaft dienen. Wir leben nicht in einem Obrigkeitsstaat. Unsere Gesellschaft trägt unseren Staat. Er ist von unserer Zustimmung abhängig. Wenn unser demokratischer Staat angegriffen wird, darf ihn unsere Gesellschaft nicht im Stich lassen, sondern muss ihn verteidigen.

Wir wollen in Frieden und Sicherheit leben. Es gibt in der Geschichte keinen einzigen Krieg, in dem auf beiden Seiten Demokratien gegeneinander gekämpft hätten. Wie sähe die Welt aus, wenn es nicht nur 21, sondern 195 Demokratien auf der Welt gäbe?

Es ist kein Zufall, dass die Migrations- und Flüchtlingsströme dieser Welt vor allem Demokratien zum Ziel haben. Wer flieht schon nach China oder Russland? Denn es geht eben nicht nur um die Hoffnung auf mehr Wohlstand. Die Menschen suchen einen Staat, der ihre Würde und ihre Rechte schützt. Einen Staat, in dem sie sich ihre Existenz selbst aufbauen können.

Es gab Zeiten, da sind die Menschen aus und vor Deutschland geflohen. Diese Zeiten waren weder gut für unser Land noch für Europa oder die Welt. Wir können stolz darauf sein, dass das heute anders ist. Daran sollten wir denken, wenn wir über die Probleme reden, die Migration auch mit sich bringt.

Die wenigsten von Ihnen könnten zehn Länder nennen, in denen Sie lieber leben würden als in Deutschland. Das überrascht nicht. Es gibt Untersuchungen, die die Lebensqualität in unterschiedlichen Staaten weltweit miteinander vergleichen. In dieser Rangliste landete Deutschland auf Platz 9 von 85 untersuchten Nationen.[1] Auch im historischen Vergleich steht Deutschland gut da. Noch nie in der Geschichte ging es den Deutschen besser.[2]

Ja, es gibt auch in Deutschland Armut. Aber als Armer lebt man in Deutschland dank Bürgergeld immer noch besser als beispielsweise in den USA, wo es solche Sozialleistungen nicht gibt.

Vielleicht haben Sie sich beim Verreisen schon mal gefragt, woher es kommt, dass wir mit unserem Reisepass in fast alle Länder dieser Welt reisen können, ohne dafür ein Visum beantragen zu müssen. Das kann man mit kaum einem anderen Pass.[3] Der Grund dafür ist einfach. Alle Länder, in die wir mit unserem Pass reisen wollen, sind sich ganz sicher, dass wir auch wieder nach Hause fahren oder fliegen. Sie wissen, dass kaum jemand das Gefühl hat, in Deutschland sei es nicht zum Aushalten.

Natürlich ist nicht alles perfekt. Demokratie ist work in progress. Noch immer trifft die Definition von Winston Churchill: «Die Demokratie ist die schlechteste aller Regierungsformen – abgesehen von all den anderen Formen, die von Zeit zu Zeit ausprobiert worden sind.» (Und gegenwärtig ausprobiert werden).

Was ist eigentlich Demokratie?

Die Frage klingt banal. Aber die Antwort ist gar nicht so einfach, denn Demokratie ist mehr als Volksherrschaft.

Großbritannien ist zweifellos eine Demokratie, noch dazu eine der ältesten. Aber auch Nordkorea nennt sich Demokratie. Zwar Volksdemokratie, aber auf den Demokratiebegriff will auch Nordkorea nicht verzichten. Man muss also genauer hinsehen.

Die Nazis haben gesagt: «Ein Volk, ein Reich, ein Führer». Sie haben sich auch darauf berufen, dass das Volk herrsche, natürlich durch den Führer, der wisse, was das Beste für das deutsche Volk sei.

Auch die SED hat immer behauptet, in der DDR

herrsche das Volk. Aber eben durch die Partei der Arbeiterklasse, die, dem Marxismus sei Dank, die Gesetze der Geschichte erkannt habe. «Die Partei, die Partei, die hat immer Recht» – dieses Lied der SED brachte ihren absoluten Herrschaftsanspruch gut auf den Punkt.

Die Beispiele zeigen: Es kommt darauf an, *wie* das Volk herrscht, wie seine Herrschaft organisiert ist und wie es selbst an der Herrschaft beteiligt wird. Denn es liegt auf der Hand, dass 83 Millionen Menschen nicht herrschen und alle politischen Entscheidungen gemeinsam treffen können.

Wir leben in einer parlamentarischen, repräsentativen Demokratie. Wenn wir von Demokratie als Volksherrschaft sprechen, meinen wir, dass alle Macht vom Volk ausgeht. Ausgeübt wird sie direkt durch Wahlen und Abstimmungen und mittelbar durch Parlamente, Regierungen und die Justiz (Art. 20 Abs. 1 GG).

Anders als in der Schweiz gibt es in Deutschland keine Volksentscheide auf Bundesebene. Die Mütter und Väter des Grundgesetzes hatten sich dagegen entschieden, weil die Weimarer Republik mit der polarisierenden Wirkung von Volksabstimmungen schlechte Erfahrungen gemacht hatte.

Denn Volksabstimmungen reduzieren komplexe Themen auf eine Ja-Nein-Entscheidung. Sie lassen keine ausgleichenden Kompromisse zu und wirken deshalb sehr leicht polarisierend. Damit die Initiative für Abstimmungen wirklich aus der Bevölkerung kommen kann, gibt es in Deutschland Bürgerentscheide in Städten und Gemeinden und Volksentscheide auf Landesebene.

Zum Sammeln der dafür erforderlichen Unterschriften wären auf Bundesebene nur deutschlandweit tätige Großorganisationen in der Lage. Bei Referenden legt die Regierung der Bevölkerung eine Frage zur Entscheidung vor. Weil durch die Art der Formulierung starker Einfluss auf das Ergebnis genommen werden kann, sind Referenden auch in autoritären Regimen durchaus beliebt. Das Grundgesetz sieht solche Referenden nicht vor.

Wir entscheiden mit Mehrheit. Der Grund dafür ist einfach: In der Politik geht es nicht um wissenschaftliche Wahrheiten. Über letztere kann man nicht abstimmen, sondern sie müssen mit wissenschaftlichen Methoden ermittelt werden. In der Politik geht es darum, was geschehen soll. Weil niemand vor Irrtum gefeit ist, können diese Entscheidungen richtig oder falsch sein. Deshalb muss wenigstens die Mehrheit damit einverstanden sein.

Demokratie heißt allerdings nicht, dass 50 Prozent plus 1 machen können, was sie wollen. Unser Grundgesetz (GG) schützt unsere Grundrechte auch vor Mehrheitsbeschlüssen. Demokratie bedeutet Minderheitenschutz. Die Qualität einer Gesellschaft bemisst sich auch daran, wie sie mit Minderheiten umgeht.

Die Mehrheit im Stadtrat kann zum Beispiel nicht einfach beschließen: In Duisburg darf keine Moschee mehr gebaut werden. Denn Art. 4 GG schützt die Religionsfreiheit. Dazu gehört auch, dass es jeder Religionsgemeinschaft gestattet ist, Gotteshäuser zu bauen. Die Mehrheit kann auch nicht beschließen, die Demokratie abzuschaffen. Das Grundgesetz versteht Demokratie nicht als reine Mehrheitsherrschaft, sondern will einer Selbstabschaffung der Demokratie durch ihre Feinde entgegenwirken. Wir leben in einer wehrhaften Demokratie.

Art. 79 Abs. 3 GG bestimmt, dass die Artikel 1 und 20 des Grundgesetzes nicht geändert werden dürfen. Der Schutz der Menschenwürde als Verpflichtung aller staatlichen Gewalt darf genauso wenig abgeschafft werden wie der Rechtsstaat, freie Wahlen, die parlamentarische Demokratie und die Gliederung in Bund und Länder.

Demokratie ist Kontrolle und Mäßigung von Macht und Herrschaft

Die Wurzeln unserer Demokratie reichen viele Jahrhunderte in die Geschichte zurück. Die Menschen haben versucht, sich vor der Willkür ihrer Herrscher zu schützen. Denn Macht birgt immer das Risiko des Missbrauchs. Damit das nicht geschieht, muss sie begrenzt und ihre Ausübung kontrolliert werden.

Im Jahr 1215 wurde der König von England von seinen Untertanen gezwungen, die Magna Charta Libertatum zu unterzeichnen.[4] Dieser Freiheitsbrief führte die Prinzipien eines ordentlichen Gerichtsverfahrens ein, bestimmte die Gleichheit aller vor dem Gesetz und garantierte wichtige Menschenrechte.

Die Habeas Corpus Akte von 1679 sollte die Untertanen vor willkürlichen Verhaftungen ohne richterlichen Beschluss schützen.[5]

Die beste Idee zur Begrenzung und Kontrolle von Macht und Herrschaft hatte der französische Adelige Charles de Montesquieu. Es sollte nicht einer die ganze Macht über Menschen haben, wie das in den damaligen Monarchien der Fall war, sondern die Macht sollte geteilt und dadurch begrenzt werden. In seiner 1748 erschienenen Schrift «Vom Geist der Gesetze» forderte er eine Gewaltenteilung zwischen Legislative, Exekutive und Judikative, also zwischen Parlament, Regierung und Justiz.[6]

Ob es sich bei einem Staat um eine Demokratie handelt oder nicht, erkennt man daran, ob es eine wirksame Kontrolle von Macht und Herrschaft durch Gewaltenteilung gibt. Staatliche Macht wird in Deutschland auch dadurch geteilt, dass es die Bundesländer mit eigenen Kompetenzen gibt. Die kommunale Selbstverwaltung verbreitert die Gewaltenteilung, weil auch den Städten und Gemeinden Geld und Entscheidungsbefugnisse zur Verfügung stehen.

Neben Parlament, Regierung und Justiz hat sich in unserer Demokratie die Presse als sogenannte «vierte Gewalt» etabliert. Sie kontrolliert die anderen drei. Damit sie das kann, muss sie unabhängig und frei sein.

Es ist kein Zufall, dass Putin schon zwei Jahre nach Beginn seiner Präsidentschaft alle russischen Fernsehsender unter die Kontrolle des Kreml gebracht hatte. Vorher hatten sie verschiedenen Oligarchen gehört und weitgehend unabhängig von staatlichem Einfluss berichten können. Damit war dann Schluss.

Pressefreiheit wird dadurch garantiert, dass Zeitungen, Rundfunk- und Fernsehsender privaten Eigentümern gehören, miteinander in Konkurrenz und Wettbewerb stehen und der Staat keine Zensur ausüben darf (Art. 5 Abs. 1 GG). Vor Pressekonzentration sollen Presse- und Kartellgesetze schützen.

Es geht aber nicht nur darum, die Pressefreiheit gegenüber dem Staat zu sichern, sondern auch gegen den Einfluss von Kapitalinteressen. Deshalb wird die sogenannte innere Pressefreiheit geschützt. Verleger sollen nicht in die journalistische Arbeit reinreden können.

Eine gleichgeschaltete Presse, die den Menschen sagt, was der Staat zu sagen befiehlt, ist perfekt für Diktaturen. Deshalb haben die Nazis unmittelbar nach ihrer Machtergreifung 1933 die Presse unter ihre Kontrolle gebracht. Josef Goebbels hat als Reichspropagandaminister vor allem den Rundfunk dazu missbraucht, die Menschen mit der nationalsozialistischen Ideologie zu indoktrinieren. Seine Propaganda hatte verheerende

Wirkungen. Sie brandmarkte Juden als minderwertige Menschen und Hassobjekte und «begründete» so ihre Ausgrenzung und Vernichtung. Sie stimmte die Deutschen auf den Krieg ein und sorgte mit Durchhalteparolen dafür, dass er so lange dauerte.

Dieser Missbrauch des Rundfunks sollte sich niemals mehr wiederholen. Deshalb wurde nach dem Zweiten Weltkrieg in Westdeutschland der öffentlich-rechtliche Rundfunk (ÖRR) eingeführt. Seine Struktur ist der britischen BBC nachempfunden, dem bis heute angesehensten Sender der Welt.

Der ÖRR ist vom Staat unabhängig. Deshalb wird er nicht durch Steuern finanziert, sondern durch Beiträge, die alle Haushalte zahlen müssen. Der Unterschied? Über die Verwendung von Steuermitteln beschließen die Parlamente. Nach dem Motto «Wer zahlt, schafft an» könnten sie sonst versuchen, Rundfunk und Fernsehen zu steuern.

Wegen den Erfahrungen im sogenannten Dritten Reich liegt die Medienkompetenz nicht beim Bund. Für den ÖRR sind die Länder zuständig. Das gilt nicht nur für die ARD, sondern auch für ZDF und Deutschlandfunk (DLF). In Rundfunkgesetzen und Staatsverträgen legen die Länder den Rundfunkauftrag und die Organisation der Anstalten fest und bestimmen die Art und Weise der Beitragsermittlung und -anpassung.

Die Aufsicht über den Rundfunk hat auch keine Regierung oder irgendein Minister, sondern die Rundfunkräte. Deren Mitglieder werden nicht vom Staat ausgesucht. Gewerkschaften, Verbraucherschutzorganisationen, Religionsgemeinschaften, Arbeitgeber-, Wohlfahrts- und Umweltverbände und andere, vom Gesetzgeber bestimmte gesellschaftliche Gruppen, entsenden ihre Vertreter.

Weil sich die allgemeine Beitragspflicht zur Finanzierung des ÖRR wie eine Steuer anfühlt, polemisieren Gegner gegen den Zwangsbeitrag. Man müsse ja auch sonst nichts bezahlen, was man nicht bestellt habe. Sie sähen weder ARD noch ZDF, sondern Netflix oder YouTube. Aber ohne allgemeine Beitragspflicht gibt es keinen ÖRR. Man kann dessen umfangreiches Informations- und Unterhaltungsangebot nicht als Pay-TV organisieren. Deshalb läuft die Forderung nach einer «Abschaffung der Zwangsgebühr» auf eine Abschaffung des ÖRR hinaus. Es ist kein Zufall, wer die Abschaffung des ÖRR fordert. Ganz vorneweg die AfD. Rechtsextremisten schweben Propagandastrukturen vor, gegen die ein unabhängiger ÖRR als Bollwerk wirkt.

Die klassische, von Montesquieu entwickelte Gewaltenteilung wurde nicht nur durch die Presse als «vierte Gewalt» erweitert. Sie betrifft auch das Verhältnis von Staat und Wirtschaft.

Totalitäre Staaten wollen die Menschen möglichst vollständig, also total, bestimmen und kontrollieren. Sie machen vor der persönlichen Existenz nicht Halt. Deshalb sind in totalitären Systemen Staat und Wirtschaft nicht getrennt.

In der DDR gab es kein Privateigentum an Produktionsmitteln. Die sogenannten volkseigenen Betriebe (VEB) gehörten dem SED-Staat. Die SED bestimmte auch über die Karrieren bei Carl Zeiss in Jena oder Robotron in Dresden. Die begehrten Urlaubsplätze an der Ostsee wurden über die «volkseigenen» Betriebe vergeben, bevorzugt an Linientreue.

Das Grundgesetz schützt Privateigentum und Gewerbefreiheit. Damit sind wirtschaftliche und politische Macht geteilt, auch wenn die Wirtschaft auf den Staat Einfluss zu nehmen sucht und der Staat durch seine Vorgaben das Handeln von Unternehmen beeinflusst. Bei der Festsetzung von Löhnen und Gehältern oder der konkreten Gestaltung der Arbeitsbedingungen ist der Staat außen vor. Das ist Sache der Gewerkschaften und der Arbeitgeberverbände. Deren Tarifautonomie schützt Art. 9 Abs. 3 GG.

Demokratie gibt uns ein Teilhabe-Versprechen. Wir müssen es nur annehmen. In freien und geheimen Wahlen entscheiden wir darüber, wer uns regieren soll. Das Mandat dafür ist auf vier Jahre begrenzt. «In einer

Demokratie kann man die Regierung ohne Blutvergießen loswerden» – hat der Philosoph Karl Popper die Demokratie von autoritären Regimen unterschieden.[7]

Freie und allgemeine Wahlen sind auch deshalb so wichtig, weil sich eine Regierung vor allem an den Bedürfnissen derer orientiert, von denen ihr Überleben im Amt abhängig ist. In Nordkorea geht es deshalb der Armee und den Sicherheitsdiensten besser als der übrigen Bevölkerung.

Wir diskutieren über eine Senkung des Wahlalters auf 16 Jahre, weil dadurch die Bedürfnisse jüngerer Menschen in den politischen Entscheidungen stärker berücksichtigt würden. Ein kommunales Wahlrecht für Ausländer würde dazu führen, dass sich Städte und Gemeinden stärker um Mitwirkung und Integration von Eingewanderten kümmerten.

Es geht also nicht nur ums Wählen, sondern auch ums Regieren. Wir wollen eine Regierung wählen, die auch umsetzen kann, was sie versprochen hat. Weil sich ein zersplittertes Parlament schwer damit tut, eine handlungsfähige Regierung zu bilden, ist die Fünf-Prozent-Klausel notwendig. Sie hat sich bewährt und verhindert, dass Kleinstparteien ins Parlament einziehen.

Der Staat ist nicht für alles zuständig. Das wäre schlecht für unsere Freiheit. Es braucht eigenes Mitdenken und Mittun, damit Probleme erkannt und gelöst werden können. Dafür muss es Menschen geben, die nicht nur an sich denken, sondern sich auch für die Allgemeinheit engagieren. Freiheit ist anstregend.

Common Sense nennen das die Briten. Der amerikanische Präsident John F. Kennedy hat diese Haltung so auf den Punkt gebracht: «Frage nicht, was dein Land für dich tun kann – frage, was du für dein Land tun kannst.»

Es ist wie beim Fußball: Damit unsere Demokratie funktioniert, müssen sich alle an die Regeln halten. Aber damit sind nicht nur die Gesetze gemeint. «Der freiheitliche, säkularisierte Staat lebt von Voraussetzungen, die er selbst nicht garantieren kann. Das ist das große Wagnis, das er, um der Freiheit willen, eingegangen ist», hat der Staatsrechtlehrer Ernst-Wolfgang Böckenförde in seinem viel zitierten Diktum gesagt.[8]

Er fragt danach, wie trotz der Unterschiedlichkeit der Menschen und der Vielfalt ihrer Interessen gesellschaftlicher Zusammenhalt entstehen kann. Dafür braucht es soziales Kapital, das von der Gesellschaft immer wieder neu erarbeitet werden muss. Dazu zählen für Böckenförde «die Achtung des anderen in seiner politischen Überzeugung», «Offenheit für Argumentation und Kompromiss», «Loyalität gegenüber Mehrheitsentscheidungen» und die «vorbehaltlose Anerkennung der demokratischen Spielregeln».[9]

Niemand verfügt über die absolute Wahrheit. Deshalb muss jeder vertreten können, was ihm vernünftig und wichtig erscheint. Daraus resultieren Streit und Konflikt. Die Demokratie stellt Regeln bereit, mit denen in solchen Konflikten verfahren wird. Demokraten akzeptieren diese Regeln auch dann, wenn die eigenen Ziele nicht erreicht werden, weil Mehrheiten sich anders entscheiden. Das ist der entscheidende Unterschied zu undemokratischen Einstellungen.[10]

Deshalb gilt die Toleranz gegenüber anderen politischen Ansichten nicht unbegrenzt. Wer die Grundlagen unserer Demokratie nicht teilt, wer gar dieses Grundvertrauen in unsere Demokratie zerstören will, darf nicht auf Toleranz zählen, sondern muss mit dem Widerstand derer rechnen, die unsere Demokratie gegen ihre Feinde verteidigen wollen.

«Uneingeschränkte Toleranz führt mit Notwendigkeit zum Verschwinden der Toleranz. Denn wenn wir die uneingeschränkte Toleranz sogar auf die Intoleranten ausdehnen, wenn wir nicht bereit sind, eine tolerante Gesellschaftsordnung gegen die Angriffe der Intoleranz zu verteidigen, dann werden die Toleranten vernichtet werden und die Toleranz mit ihnen», beschreibt der Philosoph Karl Popper das nach ihm benannte Toleranz-Paradoxon.[11]

Die Akteure in einer Demokratie müssen sich darauf verlassen können, dass alle diese demokratische Haltung teilen. Ohne dieses gegenseitige Vertrauen kann eine Demokratie nicht funktionieren.

In seinem Weltbestseller «Eine kurze Geschichte der Menschheit» hat Yuval Noah Harari gefragt, wie es kam, dass sich die Spezies des Homo sapiens durchgesetzt habe, obwohl die Menschen nicht die Schnellsten, Größten oder Stärksten waren.[12]

Seine Antwort: Die Menschen waren die Einzigen, die durch die Erfindung der Schrift Informationen außerhalb ihrer eigenen DNA speichern und damit weitergeben konnten. Außerdem, und darauf kommt es in unserem Zusammenhang an, könne nur der Homo sapiens mit einer sehr großen Anzahl an Seinesgleichen auch über weite Entfernungen kooperieren. Er mache das durch vorgestellte Ordnungen. Man habe zum Beispiel die Regeln der Götter befolgt, die allen ein bestimmtes Verhalten vorgeschrieben hatten.

An diese Regeln aus dem Götterhimmel glaubten die Menschen, als wären sie ein Naturgesetz wie die Schwerkraft. Der entscheidende Unterschied: Wenn jemand glaubt, dass es die Schwerkraft nicht gibt, fällt der Apfel trotzdem vom Stamm auf den Boden. Das Gesetz von Galilei gilt weiter. Wenn die Menschen an die vorgestellte Ordnung der Götter nicht mehr glauben, ist diese Ordnung kaputt.

Wir alle sind sicher, dass wir für die bedruckten Papierzettel im Portemonnaie ein Brot kaufen können. Ihr Vertrauen in unsere Finanzordnung wird nicht enttäuscht werden, wenn Sie morgen in eine Bäckerei gehen. Aber das war nicht immer so. Während der Hyperinflation vor hundert Jahren war das Vertrauen in die Geldwert-Stabilität komplett verschwunden. Eine Schubkarre hätte nicht ausgereicht, um die Milliarden Reichsmark-Scheine mitzubringen, die ein Brot 1923 in Deutschland kostete. Die Finanzordnung war kaputt.

Wie das Geld ist auch unsere Demokratie eine vorgestellte Ordnung. Wenn wir nicht mehr an die Demokratie glauben, ist sie kaputt.

Damit sind wir bei der Achillesferse, auf die besonders heimtückische Angriffe der Feinde unserer Demokratie zielen: Sie wollen das Vertrauen in unsere Demokratie zerstören. Wir sollen unsere Überzeugung verlieren, dass wir mit dem demokratischen System die anstehenden Probleme am besten lösen können.

ZWEITER TEIL

WAS DIE DEMOKRATIE GEFÄHRDET

Es gibt eine Reihe besorgniserregender Anzeichen dafür, dass das Vertrauen in unsere Demokratie schwindet. Die Zufriedenheit mit der Demokratie in Deutschland ist niedrig.[1]

Wenn die Politikerinnen und Politiker sich nicht genug um die Themen kümmern, die den Menschen auf den Nägeln brennen, überträgt sich die Unzufriedenheit darüber leicht auf die Zustimmung zum demokratischen System selbst. Soziale Ungerechtigkeit schadet der Demokratie.

Die Demokratie hat auch Feinde, die sie zerstören wollen. Innere Feinde wie die Alternative für Deutschland (AfD), die mit ihren völkisch-nationalistischen Vorstellungen die gleiche Würde aller Menschen nicht achtet und politische Konflikte bewusst verschärft, um den ausgleichenden Kompromiss unmöglich zu machen. Durch Polarisierung soll die Demokratie ihre Fähigkeit zum fairen Interessenausgleich verlieren und als Ordnung an Vertrauen und Zustimmung verlieren.

Dazu kommen äußere Feinde. Diktaturen fühlen sich durch Demokratien systemisch herausgefordert, und das zu Recht. Wenn es Meinungs- und Pressefreiheit gibt, besteht immer die Gefahr für den Diktator, dass jemand sagt: Der Kaiser ist nackt.

Putin und seine Verbündeten eint die Ablehnung der liberalen Demokratie. Für den Diktator im Kreml ist sie eine existenzielle Bedrohung, für die extreme Rechte in Deutschland ein Hindernis auf dem Weg zur Macht.[2]

Es ist kein Zufall, dass die AfD beste Beziehungen zum Kreml pflegt. Über seine Propagandamedien will auch Putin unsere Gesellschaft polarisieren, das Vertrauen in die Demokratie untergraben und Deutschland destabilisieren. Russia Today hat seine Wurzeln im Ausland, aber die vergifteten Früchte der Propaganda werden in Deutschland gegessen.

Der frühere Trump-Berater Steve Bannon will einen «War Room Berlin» gründen, um die AfD bei den Bundestagswahlen zu unterstützen.[3]

We get nothing done

Von der Politik erwarten die Menschen, dass sie die Probleme irgendwie löst und vom Tisch bekommt. In einer berühmten Rede hat der amerikanische Senator und republikanische Präsidentschaftskandidat John McCain 2017 die Binnenkrisen der liberalen Demokratien des Westens auf den Punkt gebracht: «We get nothing done» – wir bekommen nichts mehr erledigt.[4]

McCain warb dafür, den Sinn für «inkrementellen Fortschritt» zu stärken, also nicht den großen Wurf oder Befreiungsschlag zu erwarten, sondern nach schrittweisen Verbesserungen zu streben.

Ja, wir hinken bei der Digitalisierung zurück, sind zu zögerlich mit wirksamem Klimaschutz. Die Europäische Union ist nicht in der besten Verfassung. Kritik daran ist notwendig. Aber Fehlentwicklungen machen nicht alles schlecht. Wer vor lauter Haaren die Suppe nicht mehr sieht, verfehlt die Wirklichkeit.

60 Prozent sagen, dass sie keiner Partei zutrauen, die anstehenden politischen Probleme zu lösen.[5]

Diese Reaktion auf partielles Politikversagen ist nicht ungefährlich. Die Weimarer Republik wurde nicht nur von ihren erklärten Gegnern, sondern auch von weiten Teilen der Bevölkerung regelmäßig klein- und schlechtgeredet. Auch deshalb mangelte es ihr schon nach wenigen Jahren an Vertrauen und Unterstützung. Man könnte sagen, sie wurde auch am Stammtisch kaputt geredet.[6]

Vertrauen schwindet

Für 86 Prozent der Deutschen ist es wichtig, in einem Land zu leben, das demokratisch regiert wird.[7] Bei den Wählerinnen und Wählern der AfD sind es allerdings nur 72 Prozent, die die Demokratie für eine gute Regierungsform halten.[8] Je ausgeprägter das rechtspopulistische Weltbild einer Person ist, desto größer ist ihre Unzufriedenheit mit dem Funktionieren der Demokratie.[9]

Ein Viertel der Deutschen glaubt nicht, dass Politik von der Regierung und gewählten Abgeordneten gemacht wird, sondern sieht «geheime Mächte» am Werk.[10] Viele glauben, dass man politischer Berichterstattung grundsätzlich misstrauen sollte, weil man von «den Medien systematisch belogen» würde.[11] Das denkt inzwischen jeder Fünfte.[12] Vor allem Menschen, die an Verschwörungsmythen glauben, sind dieser Meinung.[13] 58 Prozent dieser Leute gaben an, bei der nächsten Wahl die AfD wählen zu wollen.[14]

«Lügenpresse» – die von Pegida und AfD systematisch und ständig betriebene Verleumdungskampagne gegen die etablierten Medien scheint Wirkung zu zeigen. Das Paradoxe daran: Als es im sogenannten «Dritten Reich» oder in der DDR tatsächlich eine gleichgeschaltete Lügenpresse gab, durfte keiner sie so nennen.

Natürlich machen auch Journalistinnen und Journalisten Fehler. Manche Pressemeldung stimmt nicht und muss korrigiert werden. Aber hier geht es nicht um einzelne Fehler in der Berichterstattung. Die AfD unterstellt pauschalen Vorsatz, nicht wahrheitsgetreu berichten zu wollen. Warum ist diese Einstellung gegenüber unseren Zeitungen, Zeitschriften, dem öffentlich-rechtlichen Rundfunk und den Privatsendern so gefährlich für unsere Demokratie?

Nebel im Kopf

Wir alle beziehen 95 Prozent unseres Wissens über aktuelle Ereignisse und zur Formung unseres Weltbildes nicht aus persönlicher Erfahrung, sondern durch Medien. Was passiert, wenn wir nicht mehr darauf vertrauen, dass man aus dem Lesen mehrerer Zeitungen, dem Radio und Fernsehen ein einigermaßen zutreffendes Bild der Wirklichkeit bekommt?

Wer unserer freien Presse gar nichts mehr glaubt, weil sie uns angeblich «systematisch belügt», kann sich nicht mehr orientieren. Es ist, als hätte man Nebel im Kopf.

Um sich trotzdem zu orientieren, läuft man in Richtung des grellsten Lichts und der lautesten Stimme.

Darauf setzen Putin und Trump, und darauf setzen rechtsextremistische Parteien wie die AfD.

Dahinter steht ein sehr erprobter Mechanismus faschistischer Strategie. Was nach dem herbeigeführten Orientierungsverlust angeboten wird, um Gefolgschaft zu mobilisieren, sind einfache, emotionale Erklärungen für komplizierte Fragen. Feindbilder werden beschworen. Man schürt Wut gegen «die da oben». Die Welt ist nur schwarz-weiß, wir gegen sie, Freund gegen Feind. Sündenböcke sollen an allem schuld sein. Oder finstere Drahtzieher, die hinter allem stecken. Dafür müssen nicht selten wieder die Juden herhalten, wie man zum Beispiel bei den Quer-«Denker»-Demonstrationen gegen die Corona-Bekämpfung sehen konnte.

Der «Feind» wird in breiten, unspezifischen Begriffen beschrieben: das «woke Milieu», «Berlin-Mitte», der «Elfenbeinturm», «Political Correctness», «Gutmenschen». Es geht nicht um Analyse, sondern um emotionale Empörung.

Diese Propaganda erkennt man nur im Zusammenhang. «So, wie man eine Wagenburg nicht an einem Wagen erkennt, sondern nur im Ganzen.»[15]

Anders als eine einzelne Lüge, Falschbehauptung oder Überzeichnung kann sie nicht konkret widerlegt werden. Sie soll nicht kurzfristig wirken, sondern mit der Zeit eine neue Wirklichkeit erschaffen, mit neuen

Wahrheiten und neuen Normen. Und letztlich eine andere, eine neue Gesellschaft. «Wer den Medien nicht vertraut, sieht überall Lügen und glaubt auch, dass unsere Demokratie nicht (mehr) funktioniert.»[16]

Die Wahnvorstellung von der «Scheindemokratie»

Fast ein Drittel der Deutschen glaubt, in einer «Schein-demokratie» zu leben, in der die Bürger nichts zu sagen haben. Das hat eine repräsentative Allensbach-Um-frage 2022 ergeben.[17] Man dürfe nicht mehr sagen, was man denke, wird behauptet. Auch von regelmäßigen Talkshow-Gästen und viel gefragten Interviewpartne-rinnen. Von «Merkel-Diktatur» war die Rede, als die Ansteckungsgefahr durch die Corona-Pandemie mit Kontaktverboten und Grundrechtseinschränkungen bekämpft werden musste. Deren Verhältnismäßigkeit wurde allerdings immer wieder durch unabhängige Gerichte überprüft. Manche Maßnahmen wurden durch sie wieder aufgehoben. Das war bei dem monatelangen Lockdown von Shanghai anders.

Besonders infam ist die Behauptung, wir lebten in einer DDR 2.0. Die sogenannten Montagsdemonstrationen in vielen Städten und Gemeinden Ostdeutschlands leben von dieser Lüge.[18] Pegida, AfD und andere Rechtsextremisten wollen so an die großen Demonstrationen im Herbst 1989 erinnern, mit denen sich die Menschen in Leipzig und vielen anderen Städten der DDR ihre Freiheit erkämpft haben.

«Wir sind das Volk» – das war der Ruf, der die Kraft und den Mut dazu gegeben hatte, die Volkssouveränität gegen die SED-Diktatur zu behaupten und zurückzugewinnen. Dieser Ruf machte unmissverständlich klar, dass die SED überhaupt nicht durch das Volk legitimiert war. Freie Wahlen gab es in der DDR nicht.

Heute wenden sich Pegida, AfD und andere Rechtsextremisten mit diesem Ruf gegen die frei gewählten Vertreterinnen und Vertreter des Volkes in den Parlamenten, nicht gegen eine Diktatur. Das ist ein Riesenunterschied. Heute macht dieser Ruf auf den sogenannten Montagsdemonstrationen nicht dem SED-Politbüro die Legitimation streitig, sondern dem demokratisch gewählten Parlament.

Das Gerede von der DDR 2.0 setzt diejenigen, die gegen das SED-Regime auf die Straße gegangen sind, mit der DDR-Führung gleich. Umgekehrt stilisieren sich ostdeutsche Mitläufer, AfD-Anhänger und westdeutsche AfD-Politiker als die neuen Widerständler.

Man will ein neues System verbreiten, in dem sich das Gute und das Schlechte, das Freiheitliche und das Unterjochende, das Gerechte und das Ungerechte verkehren lassen.[19]

«Krieg ist Frieden – Freiheit ist Sklaverei – Unwissenheit ist Stärke.» George Orwell hat diese Umdeutung der Sprache und den daraus folgenden Totalitarismus in seiner Dystopie «1984» treffend analysiert. Der Neusprech von der DDR 2.0 soll Sprache durch Manipulation bewusst in ihrer Bedeutung verändern, um die Ideologie der Rechtspopulisten und Rechtsextremisten zu befördern.

Die Verkehrung der Wirklichkeit in ihr Gegenteil – Demokratie = Diktatur – beschränkt die Möglichkeiten, sich sprachlich dagegen zu wehren. Es immunisiert gegen Kritik, wenn es keine gemeinsame Sprache mehr gibt, um die Wirklichkeit zu beschreiben. Kritik wird unmöglich, wenn es keine gemeinsame Sprache mehr gibt, um die Wirklichkeit zu beschreiben. Lügen verfangen sich leicht in einem Land, das sich auf keine gemeinsame Realität mehr einigen kann. Im Extremfall lebt man in verschiedenen Welten und teilt keine gemeinsame Realitätserfahrung mehr. Denn diese Erfahrungen kann man nur mit einer Sprache teilen, bei der Worte für alle Beteiligten dieselbe Bedeutung haben.

Kritik ist aber das Lebenselixier für jede Demokratie. Ohne Kritik gibt es keine Kontrolle von Herrschaft. Deshalb ist die Aussage, wir lebten in Wirklichkeit in einer Diktatur, nicht nur eine ärgerliche Falschbehauptung. Diese penibel geplanten Sprachmanipulationen zielen direkt auf das Herz unserer Demokratie.

Die größten Gefahren für unsere Demokratie gehen gegenwärtig von den Rechtsextremisten aus. Die AfD ist trotz ihrer rechtsextremistischen Ausrichtung in den ostdeutschen Bundesländern stärkste Partei.

Ihre Wählerinnen und Wähler beruhigen sich oft mit dem Argument, weil die AfD demokratisch gewählt sei, könne sie keine rechtsextremistische Partei sein. Aber das ist falsch. Dass man eine Partei wählen kann, bedeutet nicht, dass sie auch tatsächlich demokratisch ist. Denn es gibt keinen Zwang für den Staat, eine verfassungsfeindliche Partei zu verbieten.[20]

Anders als bei Mord und Totschlag, die der Staat strafrechtlich verfolgen muss (Legalitätsprinzip), sind die Antragsberechtigten darin frei, ob sie ein Verbotsverfahren vor dem Bundesverfassungsgericht anstrengen (Opportunitätsprinzip).[21] Bundesregierung, Bundestag und Bundesrat – nur sie sind antragsberechtigt – können sich auch dafür entscheiden, dass es besser sei, diese Partei an Wahlen teilnehmen zu lassen und sie politisch zu bekämpfen.

Inzwischen werden die Forderungen nach einem AfD-Verbot lauter. Mehr als 800 000 Menschen haben eine entsprechende Petition unterschrieben und der amtierenden Bundesratspräsidentin überreicht.[22] Bei der Abwägung über einen Verbotsantrag beim Bundesverfassungsgericht sollte auch bedacht werden, «dass das Parteiverbot nicht nur auf die Milieus zielt, die die verfassungsfeindliche Partei wählen, sondern auch auf die, die von dieser Wahl besonders betroffen sind».[23] Ein Verbotsverfahren würde der Öffentlichkeit vor Augen führen, «was die Politik der AfD für die Menschen bedeutet, die von der rassistischen, antisemitischen, sexistischen und ableistischen Politik dieser Partei in ihrer Existenz betroffen sind».[24]

Denn wer nicht in das völkisch-nationalistische Deutschlandbild der AfD passt, muss damit rechnen, deportiert zu werden. Der Thüringer AfD-Landesvorsitzende Björn Höcke spricht ganz offen davon, dass «neben dem Schutz unserer nationalen und europäischen Außengrenzen ein großangelegtes Remigrationsprojekt notwendig» sein wird, bei dem man nicht um eine «Politik der wohltemperierten Grausamkeit» herumkommen werde. Das heiße, «dass sich menschliche

Härten und unschöne Szenen nicht immer vermeiden lassen werden.»[25]

Höcke ist sich «sicher, dass – egal wie schlimm sich die Verhältnisse auch entwickeln mögen – am Ende noch genügend Angehörige unseres Volkes vorhanden sein werden», mit denen man ein neues Kapitel unserer Geschichte aufschlagen könne. «Auch wenn wir leider ein paar Volksteile verlieren werden, die zu schwach oder nicht willens sind, sich der fortschreitenden Afrikanisierung, Orientalisierung und Islamisierung zu widersetzen.» Ein paar Reförmchen würden nicht ausreichen. Aber «wenn einmal die Wendezeit gekommen ist, dann machen wir Deutschen keine halben Sachen. Dann werden die Schutthalden der Moderne beseitigt.»[26] Diese völkisch-nationalistischen Deportationspläne richten sich direkt gegen die unantastbare Menschenwürde, die zu achten und zu schützen Aufgabe aller staatlichen Gewalt ist, Art. 1 Abs. 1 GG.

Die AfD steht auch mit der grundgesetzlich garantierten Pressefreiheit auf Kriegsfuß. Immer wieder versucht sie, Journalistinnen und Journalisten daran zu hindern, über AfD-Treffen oder Veranstaltungen zu berichten. Sie will den ÖRR abschaffen und spricht ganz offen darüber, die Medien säubern zu wollen.

Wenn Rechtsextremisten an die Macht kommen, werden sie mächtiger. Polen und Ungarn zeigen, dass rechtspopulistische Parteien, wenn sie mal an die Macht gekommen sind, als erstes in die Pressefreiheit eingreifen, indem sie ihnen nahestehende Medien besonders fördern und den anderen das Leben schwer machen. Auch die unabhängige Justiz ist ihnen ein Dorn im Auge, denn sie steht ihrem Machtanspruch entgegen. Richter werden früh- und zwangspensioniert, um Platz für die eigenen Leute in den Gerichten zu schaffen.

Demokratien sterben nicht mehr durch einen Putsch, sondern durch Wahlen.[27]

Man kann unsere Demokratie mit einem Schiff vergleichen. Die Decks und Aufbauten befinden sich über Wasser. Dort halten wir uns auf. Dort auf Deck arbeiten unser Parlament, unsere Regierung und unsere Gerichte. Damit das Schiff nicht untergeht, braucht es einen Rumpf, der es trägt. Das Schiff würde nicht vorwärtskommen, ohne den Motor im Rumpf. Ohne das Steuerblatt könnte das Schiff in den Stürmen und Wellen der Zeit nicht auf Kurs gehalten werden. Der Rumpf liegt tief im Wasser. Ohne ihn würde das Schiff sinken.

Die völkisch-nationalistische AfD bohrt das Schiff unserer Demokratie unter der Wasserlinie an. Sie zielt mit ihrer Propaganda darauf, dass wir misstrauisch werden, dass wir uns gegeneinander aufbringen lassen, dass das soziale Kapital in unserer Gesellschaft aufgebraucht wird und dass kein neues soziales Kapital entstehen kann. Oder haben Sie eine einzige Äußerung von AfD-Politikern gehört, die etwas Verbindendes für unsere Gesellschaft als Botschaft gehabt hätte? Null! Stattdessen Missmut, Misstrauen und Wut gegen «die da oben».

Wenn wir keine gemeinsame Realität mehr teilen, wird unsere Demokratie hilflos gegenüber ihren Feinden. Vom Trump-Berater Steve Bannon hat die AfD eine Diskussionsstrategie übernommen, die man als Flood-the-zone-with-Shit bezeichnet. Gegen diese Mischung aus Whataboutismen und Fakenews kommt niemand mit dem Richtigstellen hinterher. Eine Lüge jagt die andere und setzt sich – mangels Widerspruch – fest. Die Washington Post hat gezählt: In seiner Amtszeit hat Donald Trump 30 573 Mal gelogen oder die Unwahrheit gesagt.[28]

Lügen erscheinen dem Verstand häufig viel einleuchtender und anziehender als die Wahrheit, denn der Lügner hat einen großen Vorteil. Er weiß im Voraus, was das Publikum hören will.[29]

In jeder Talkshow antworten AfD-Politikerinnen und -Politiker mit dieser Mischung aus Fake News und der Ablenkung vom Thema durch Whataboutismen. Wie durch ein klingelndes Handy soll das Gespräch unterbrochen und die Aufmerksamkeit abgelenkt werden. So vereiteln sie eine kritisch-kontroverse Diskussion ihrer politischen Positionen. Nachträgliche Faktenchecker helfen nicht.

Denn Faktenchecks setzen voraus, dass Wahrheit eine Rolle spielt. Aber eine der stärksten Waffen der Propaganda ist «der grundlegende Zweifel an der Wahrheit. Oder an der Möglichkeit, Wahrheit von Lüge zu unterscheiden.»[30]

Man kann nicht über das Wetter diskutieren, wenn der andere behauptet, der Himmel sei grün. Es ist ein Fehler, Rechtsextremisten dafür eine Bühne zu geben. Sie sind für Argumente nicht zugänglich, sondern nur darauf aus, Zweifel an der Demokratie zu säen, um Menschen für einen radikalen Bruch zu gewinnen. Man kann Rechtsextremisten daher nicht «entzaubern». Wenn man sie stellen will, muss man sie mit ihrem rassistischen Menschenbild und ihrer völkisch-nationalistischen Weltanschauung konfrontieren.

Während die demokratischen Parteien und Politiker auf dem Deck darum ringen, was geschehen soll, schlägt die rechtsextremistische AfD Löcher in den Rumpf, um das Schiff zum Sinken zu bringen. Die AfD zerstört systematisch den Glauben an unsere Demokratie. Politische Toleranz gegenüber der AfD hieße, wir würden unsere Demokratie selbst aufgeben.

Es gibt auch «Kipp-Punkte» für eine Demokratie

Die Gefahren für unsere Demokratie sollten alarmieren. Bundesregierung und demokratische Opposition müssen dringend daran arbeiten, dass ihnen wieder zugetraut wird, die Probleme zu lösen. Es ist der Streit um die bessere Lösung, der unsere Demokratie vorwärtsbringt. Aber nur dann, wenn dieser Streit auf die Bearbeitung der Probleme zielt und man sich nicht vor allem an der politischen Konkurrenz abarbeitet.

John McCain hatte dafür geworben, «dass wir uns wieder auf Bescheidenheit, auf unser Bedürfnis zur Zusammenarbeit, auf unsere gegenseitige Abhängigkeit verlassen können, um wieder zu lernen, einander zu vertrauen… Inkrementelle Fortschritte, Kompromisse, die jede Seite kritisiert, aber auch akzeptiert … sind weder glamourös noch aufregend… Aber es ist normalerweise das Höchste, was wir von unserem Regierungssystem erwarten können, das in einem Land operiert, das so vielfältig, streitsüchtig und frei ist wie unseres.»[31]

Die Parteien tragen große Verantwortung für das Streitklima in unserer Demokratie. Ist es hart in der Sache, aber mit gegenseitigem Respekt, der sich auch in der Sprache ausdrückt? Stehen Parteien für eine eigene, positive Agenda? Oder wird hemmungslos polarisiert und vor allem auf die Person des politischen Gegners gezielt, um ihn zu diskreditieren?

Der öffentlich-rechtliche Rundfunk und die Qualitätszeitungen müssen auch mehr tun, um das Vertrauen in ihre Arbeit zu stärken. Ein transparenter Umgang mit Fehlern und eine bessere Fehlerkultur würden helfen. Wahrscheinlich müssten sie auch regelmäßig ihre Arbeitsweise erklären und transparent machen, damit sich die Leser-, Zuschauer- und Zuhörerinnen immer wieder ein Bild davon machen können, wie sorgfältig gearbeitet wird – und warum trotzdem immer wieder auch Fehler passieren können.

Diese Forderungen an andere ersetzen allerdings nicht das eigene Engagement.

Denn die größte Gefahr für unsere Demokratie sehe ich in der Gleichgültigkeit und Passivität der Mehrheit. Als ich in der Schule die Gründe für das Scheitern der Weimarer Republik lernen musste, gehörte neben den Fehlern des Versailler Friedensvertrags und der Dolchstoß-Legende auch dazu, dass es zu wenig Menschen gab, die sich aktiv für diese erste Demokratie auf deutschem Boden engagiert haben. Leider hatten viel zu wenige im März 1924 auf den Reichskanzler Wilhelm Marx (Zentrumspartei) gehört: «Wir sind alle Teil des Staates…Im demokratischen Staat hat jeder die Pflicht, das Staatswesen möglichst gut und stark zu machen. Wegen Unzufriedenheit den Dienst am Gemeinwohl verweigern, ist gewissenlos.»[32]

Das Ende ist bekannt. Wir müssen daraus lernen und dürfen die zweite Chance nicht verspielen. Unser Staat braucht unser gesellschaftliches Engagement, sonst kann unsere Demokratie nicht überleben.

Wir alle müssen den Feinden unserer Demokratie entgegentreten. Die Man-müsste-mal-Sager sollten wissen: Da ist niemand, außer ihnen. Das Einstehen für unsere Demokratie können wir nicht an Politikerinnen und Politiker outsourcen. Es wird uns auch nicht durch Gesetze zur Förderung der Demokratie abgenommen.

So sinnvoll es sein mag, dass der Staat Initiativen

und Organisationen bei ihrer politischen Bildungs-
arbeit fördert – es kann Ihr ganz persönliches Engagement zur Verteidigung unserer Demokratie nicht ersetzen. Es gibt nicht nur Kipp-Punkte für das Klima, wie
das Auftauen der Permafrost-Böden oder den Zusam-
menbruch des Golfstroms. Es gibt auch Kipp-Punkte
für die Demokratie, bei deren Überschreiten man den
Fall nicht mehr aufhalten kann. Der Aufprall wäre hart
und schmerzhaft. Sie ganz persönlich können dazu bei-
tragen, dass es dazu nicht kommt.

DRITTER TEIL

WAS TUN?

Sie gehören zu denen, die Demokratie gut finden und wissen, wie man sie von einer Diktatur unterscheidet. Sie haben das Gefühl, dass unsere Demokratie von inneren und äußeren Feinden herausgefordert wird und machen sich deshalb Sorgen.

Vielleicht gehören Sie deshalb zu den über drei Millionen Menschen, die in jüngster Zeit in über tausend Städten und Gemeinden auf die Straße gegangen sind, um unsere Demokratie gegen die rechtsextremistische AfD zu verteidigen. Dabei haben Sie gemerkt, dass Sie nicht allein sind, sondern dass viele Ihre Sorgen teilen.

Die Demonstrationen zeigen, dass es eine Lüge ist, wenn die AfD behauptet, sie vertrete die (schweigende) Mehrheit. Sie geben Kraft, für unsere Demokratie einzustehen. Die braucht man auch, denn demonstrieren allein reicht nicht.

Demokratische Politik ist kein Selbstläufer. Sie muss gestaltet werden. Deshalb haben wir alle, nicht nur Berufspolitiker, die Aufgabe, uns für die Demokratie aktiv einzubringen, und zwar in allen Bereichen der Gesellschaft, z. B. in Vereinen, Bürgerinitiativen oder am Arbeitsplatz. «Selbstwirksamkeit ist ein probates Mittel gegen die autoritäre Versuchung.»[1]

Was also tun?

1. Zeigen Sie Zivilcourage im Alltag!

Um Demokratie geht es im Alltag. Beim Mittagessen in der Kantine behauptet Ihr Arbeitskollege, die Parteien in Deutschland seien doch alle gleichgeschaltet. Die einzig wirkliche Opposition gegen die «Altparteien» sei die AfD, und es sei eine Schande, wie sie ausgegrenzt und unterdrückt werde. Nicht mal den ihr zustehenden Vizepräsidenten des Bundestages habe sie bekommen.

Was machen Sie? Weghören? Einfach weiter essen und mit dem Nachbarn über Fußball reden? Oder antworten Sie dem Kollegen und setzen sich mit seinen Behauptungen auseinander? Etwa mit der Rückfrage, ob er im Ernst der Meinung sei, dass Linkspartei und FDP in der Sozialpolitik dieselbe Auffassung hätten?

Nachzufragen wäre schon mal eine gute Taktik, denn wer fragt, führt das Gespräch.

Solche Situationen gibt es viele. Rassistische Bemerkungen beim Kegelabend, antisemitische Anspielungen bei Diskussionen über die Corona-Pandemie, sexistische Sprüche auf dem Betriebsfest. Wenn niemand widerspricht, setzt sich das Gesagte fest, und beim nächsten Mal legt der Kollege noch eine Schippe drauf. Auch so werden die Grenzen des Sagbaren verschoben.

Demokratie entscheidet sich auch im Alltag. Widersprechen Sie, wenn Sie solche Sprüche hören. Sie werden merken, dass Sie von anderen am Tisch Zustimmung bekommen. Zivilcourage ist nämlich ansteckend. Und Sie haben ein gutes Gefühl, wenn Sie nach Hause kommen, weil Sie das Richtige getan haben. «Ich möchte mir eines Tages nicht vorwerfen lassen, dass ich mitverantwortlich dafür gewesen bin, wenn alle die Klappe gehalten haben. Ich mache meinen Mund jetzt auf, koste es, was es wolle. Und dabei bleibt's auch», hat Hape Kerkeling kürzlich gesagt.[2]

2. Werden Sie ein
politischer Influencer!

In einer Demokratie werden politische Entscheidungen sehr stark durch die öffentliche Meinung beeinflusst. Öffentliche Meinung ist nicht nur, was Zeitungen schreiben, was im Radio gesagt wird oder was das
Fernsehen zeigt. Heute findet die Bildung der öffentlichen Meinung zu einem großen Teil auf den Social-
Media-Plattformen im Netz statt. Die Diskussionen
auf X (ehemals Twitter), Facebook, Instagram, TikTok
und anderen Social-Media-Plattformen wirken wie ein
Durchlauferhitzer für vieles, was Sie später in der Zeitung lesen.[3]

Durchlauferhitzer ist durchaus wörtlich zu verstehen, denn es geht dort meist ziemlich hitzig zu. Die Plattformen sind oft alles andere als «soziale» Medien.

Aber sie sind immer wichtiger für die politische Meinungs- und Willensbildung in unserer Gesellschaft. Deshalb sollten Sie dabei sein, damit es in die richtige Richtung geht.

Rund 85 Prozent der Gesamtbevölkerung in Deutschland sind auf Social Media vertreten.[4] Jüngere sind besonders intensiv dabei. Aber auch viele Ältere diskutieren mit.[5] Immer mehr Menschen verwenden Soziale Medien, um sich über Nachrichten zu informieren.[6] Manche beziehen ihr Bild von der Welt nahezu ausschließlich von Facebook, Instagram & Co.

Die rechtsextremistische AfD hat das erkannt.[7] Ihr spielt dieser Trend in die Karten, denn sie will erreichen, dass sich immer mehr Menschen nur noch direkt über AfD-gesteuerte Verlautbarungen informieren: AfD statt ARD. Deshalb hat sie viele hauptberufliche Propagandisten angestellt, die über AfD-eigene You-Tube-Kanäle, TikTok-Videoschnipsel und ungezählte Posts auf Facebook, X und Instagram tagein tagaus versuchen, die Menschen im Sinn ihrer völkisch-nationalistischen Sicht zu beeinflussen.

Die AfD hat auf Social Media eine höhere Reichweite als alle demokratischen Parteien zusammen. Ihr Einfluss wird dadurch verstärkt, dass auch viele ihrer

Anhänger auf Social Media hier sehr aktiv sind. Sie sind inzwischen in der AfD-Realität gefangen und wollen mit großem Eifer möglichst vielen weismachen, dass wir in einer Diktatur lebten, aus der uns nur die AfD befreien könne.

Wer Fanatismus verabscheut, Kompromisse für notwendig hält, respektvoll kommuniziert und das auch von anderen erwartet, mag zögern, sich in die politischen Auseinandersetzungen in den Sozialen Medien einzumischen. Aber es ist notwendig, um den Rechtsextremisten nicht das Feld zu überlassen.

Sie können politischen Einfluss ausüben, ohne gleich in eine direkte Konfrontation mit rechtsextremen Ansichten zu gehen. Ein anonymisierter Account schützt sie dabei. Mit einem «Like» stärken Sie allen den Rücken, die mit inhaltlichen Posts dagegenhalten. Wenn Sie «richtig so» oder «genau» unter solche Beiträge schreiben, wird Ihre Unterstützung demokratischer Positionen für die vielen Mitlesenden noch deutlicher. Außerdem erhöhen Sie damit die Reichweite von Posts, die möglichst viele lesen sollten.

Wenn jemand ein Argument überzeugend auf den Punkt bringt, sollten Sie den Beitrag teilen damit ihn noch mehr Menschen zu sehen bekommen. Teilen, teilen, teilen – nutzen Sie die Algorithmen, um das Meinungsklima in Social Media zu beeinflussen.

Wenn Sie heute damit anfangen, jeden Tag eine halbe Stunde auf Facebook, X oder Instagram mitzulesen, bekommen Sie bald ein Gefühl dafür, wie dort diskutiert wird, was interessiert und welche Argumente beachtet werden. Es wird nicht lange dauern, bis Sie aktiv mitmischen *wollen*. Im CORRECTIV.Faktenforum können Sie unabhängig von journalistischer Vorerfahrung lernen, verdächtige Behauptungen nach professionellen Standards zu prüfen und ihr Wissen gemeinsam mit anderen anwenden.[8]

Ehe Sie damit anfangen, selbst eigene Posts zu verfassen, sollten Sie sich noch kurz klarmachen: Das Internet ist weltumspannend und vergisst nichts. Auch wenn Sie Ihren Post löschen, könnte jemand einen Screenshot gemacht haben, der sich Ihrem Zugriff entzieht und weiter die Runde macht.

FAZ und TAZ, Spiegel und Zeit, Welt und Süddeutsche Zeitung, ARD und ZDF – praktisch alle klassischen Medien verbreiten Artikel und Beiträge auch über Social Media. Sie sollten diesen Seiten folgen, damit Sie die Artikel in Ihrer Timeline zu lesen bekommen und weiter verlinken können. Sehr viele Journalistinnen und Journalisten sind mit eigenen Accounts und Beiträgen auf Social-Media-Plattformen unterwegs. Für die eigene Urteilsbildung lohnt es sich, ihnen zu folgen. Gleichzeitig erhöhen Sie damit die Reichweite seriöser Informationsquellen. Denn je mehr Follower, desto größer die Reichweite.

Wenn Sie das tun, werden Sie allein durch Mitlesen immer wieder auf Beiträge stoßen, die Sie gut finden. Sie sollten die Zeitungsartikel verlinken, denen Sie viele Leserinnen und Leser wünschen. Lenken Sie die Aufmerksamkeit darauf, indem Sie ein, zwei Sätze aus dem Artikel als Teaser voranstellen, denn allein der Link lässt oft nicht erkennen, warum man den Artikel lesen sollte.

Ehe Sie selbst mit einem eigenen Post eine Diskussion starten, sollten Sie sich an den Diskussionen beteiligen, die schon laufen. Das ist einfacher. Außerdem können Sie sicher sein, dass andere sich für das interessieren, was Sie schreiben. Lassen sie demokratiefeindliche Posts nicht unwidersprochen. Es hilft schon ein «Nein, das stimmt nicht», damit sich die Unwahrheit, Corona sei nur so gefährlich wie eine Grippe, nicht ungestört festsetzen kann.

In der Kürze liegt die Würze. Kommen Sie sofort auf den Punkt. Bei X, Bluesky oder Threads werden Sie dazu gezwungen, weil Ihnen nur eine begrenzte Anzahl an Zeichen für Ihren Post zur Verfügung steht. Aber auch auf Facebook und LinkedIn werden kürzere Beiträge eher gelesen als langatmige Ausführungen.

Verwenden Sie ungewöhnliche Bilder und Metaphern, um Ihre Botschaft anschaulich zu machen. Erzeugen Sie Kopfkino. Wir merken uns Botschaften nur, wenn sie als Geschichten erzählt werden. Aneinander gereihte Zahlen und Fakten haben wir schnell wieder vergessen. Es sind weniger die Temperaturvergleiche, die uns die Gefährlichkeit der Erderhitzung begreiflich machen, als Bilder von den abschmelzenden Alpengletschern.

Ein Bild sagt mehr als tausend Worte. Das gilt auch für die Kommunikation auf Social Media. Bei verlinkten Zeitungsartikeln ist meist ein Foto dabei. Wenn Sie Ihren Post zur Gefährlichkeit von Corona mit dem Foto eines Menschen illustrieren wollen, der auf der Intensivstation künstlich beatmet wird, müssen Sie allerdings aufpassen, dass Sie keine Urheberrechte verletzen. Eine Lösung: Sie verlinken einen Artikel, der mit diesem Foto angekündigt ist, und setzen Ihren Kommentar darüber.

Erschrecken Sie nicht über negative Kommentare. Meist bekommen Sie viel mehr «Likes» als Kritik. Ausführlichere Antworten gibt's eher von denen, die mit Ihrer Ansicht nicht einverstanden sind. Viele sind auch nur im Netz unterwegs, um Andersdenkende einzuschüchtern. Sie werden bald merken, dass Gleichgesinnte auf Sie aufmerksam werden. Sie bekommen positive Rückmeldungen und erleben, wie sich Demokratinnen und Demokraten gegenseitig den Rücken stärken und erfolgreich sein können.

Es zählt in den Diskussionen auf Social Media, ob die Posts von einer Pressestelle verfasst werden oder ob der Post von einer konkreten Person kommt. Authentizität ist wichtig und erhöht die Glaubwürdigkeit, auch wenn der Post von einem anonymisierten Account stammt. Ein Argument wirkt überzeugender, wenn jemand als Person dahintersteht.

Auf der Internet-Seite X-Analytics können Sie nachsehen, wie die Resonanz auf Ihre Posts war. Am Anfang werden Sie wahrscheinlich nur wenige Views haben, die anzeigen, wieviele Ihren Beitrag gesehen haben. Aber wenn Sie dranbleiben und irgendwann jeden Tag mit ein oder zwei eigenen Posts bei den Diskussionen dabei sind, wird sich das ändern. Hundert Views sieht erstmal nicht so viel aus. Aber wann haben Sie das letzte Mal eine Rede vor einhundert Leuten gehalten?

Sie haben Einfluss, wenn Sie den Mund aufmachen, um bei der Bildung der öffentlichen Meinung mitzumischen. Über Social Media können Sie Ihren Einfluss hebeln.

3. Schreiben Sie
Leserbriefe!

Wie oft lesen Sie Nachrichten, die Sie empören? Sie schütteln innerlich den Kopf. Wie kann man nur? Oder Sie freuen sich über Meldungen und finden, das müsste es öfter geben. Es kommt bei der täglichen Zeitungslektüre sicher immer wieder vor, dass Sie denken, dazu müsste man etwas sagen.

Tuns Sie's. Schreiben Sie Leserbriefe. Nicht morgen, sondern möglichst sofort. Schicken Sie eine Mail an die Redaktion. Je aktueller, desto wahrscheinlicher wird Ihr Brief abgedruckt. Schreiben Sie keinen Aufsatz, sondern fassen Sie sich kurz. Meist reichen wenige Zeilen für die Botschaft, die Sie loswerden wollen.

Leserbriefe werden viel gelesen. Sie selbst schauen ja auch immer in die Spalte, wo sie in der Zeitung abgedruckt werden.

4. Seien Sie gut informiert!

Wahrscheinlich sehen Sie jeden Abend die Tagesschau oder das heute journal. Vielleicht gehören Sie auch zu denen, die eine Tageszeitung oder Wochenzeitschrift abonniert haben. Sie wissen also im Großen und Ganzen Bescheid über das, was in der Welt vor sich geht. Wenn Sie jetzt im Alltag und auf Social Media anfangen, intensiver zu diskutieren, werden Sie allerdings schnell merken, dass Sie gern noch ein paar Argumente mehr hätten, um wirksam erwidern zu können.

Wenn es um den russischen Angriffskrieg gegen die Ukraine geht, würden Sie den Russland-Verteidigern gern entgegenhalten, dass die NATO-Osterweiterung von den Ländern ausging, die in den 1990ern Schutz suchten, falls es mit der Demokratisierung Russlands nicht klappen sollte, und dass der Sowjetunion nie versprochen wurde, die NATO würde keine weiteren Mitglieder mehr aufnehmen.

Wenn die Bundesregierung jetzt Fehler bei der Corona-Bekämpfung einräumt und Quer-«Denkerinnen» triumphierend daran erinnern, sie hätten immer gesagt, dass Corona harmlos und die Behauptung einer Pandemie blanke Panik seien, würden Sie gern auf die weltweite Übersterblichkeit verweisen.

Wenn die AfD fordert, der ÖRR solle sich gefälligst auf Informationssendungen beschränken, weil Sport und Unterhaltung auch von Privaten angeboten werden, würden Sie gern erwidern, dass das Dschungelcamp im ÖRR wegen Verletzungen der Menschenwürde nicht angeboten wird und dass nur ein breit gefächertes Hauptprogramm mit Unterhaltung und Sport den Informationssendungen genügend Aufmerksamkeit bringt.

Wenn Sie Informationen für Ihre Diskussionen brauchen, achten Sie automatisch beim Zeitunglesen stärker darauf. Vielleicht hören Sie beim Joggen in Zukunft politische Podcasts statt Musik. Und natürlich hilft Googeln und gezieltes Suchen im Netz. Wichtig dabei: Achten Sie darauf, dass die Quelle seriös ist.

Das Schöne: Bisher haben Sie sich informiert, um

selbst besser Bescheid zu wissen. Jetzt nutzen Sie die gewonnenen Erkenntnisse, um mitzudiskutieren und anderen Orientierungen anzubieten.

Bleiben Sie bei den Themen am Ball, die gerade die öffentliche Diskussion bestimmen.

5. Gehen Sie wählen!

Bei Wahlen zählt jede Stimme. Ein paar tausend Stimmen haben schon Landtagswahlen entschieden. Wären die Jugendlichen nicht zu Hause geblieben, hätte es wahrscheinlich keinen Brexit gegeben.

Man findet nie eine Partei, mit der man vollständig übereinstimmt. Meist ist es so, dass man Politikerinnen und Politiker gut findet, die nicht alle derselben Partei angehören. Es kann auch sein, dass man niemandem so recht zutraut, mit den Problemen fertig zu werden.

Alles kein Grund, am Wahlsonntag zu Hause zu bleiben. Damit würden Sie unsere Demokratie schwächen. Je geringer die Wahlbeteiligung, desto mehr Sitze für extremistische Parteien, denn deren Anhänger gehen wählen. Wie meist im Leben ist auch die Wahlent-scheidung keine, die in der Abwägung 100 zu 0 getroffen wird. 60 zu 40 oder noch knapper reicht auch, um ein Kreuz auf dem Stimmzettel zu machen.

Überzeugen Sie den Rest Ihrer Familie und sprechen Sie Ihre Nachbarn an, damit sie den Wahlsonntag nicht vergessen.

6. Demonstrieren Sie mit!

Viele haben das erste Mal in ihrem Leben demonstriert, als die Menschen in immer mehr Städten auf die Straße gingen, um unsere Demokratie gegen die rechtsextremistische AfD zu verteidigen. Das war der kleinste gemeinsame Nenner für alle. Das, was allen wichtig war, trotz unterschiedlicher politischer Überzeugungen.

Aufgeschreckt hatte ein Bericht des Recherche-Kollektivs CORRECTIV über ein Geheimtreffen in Potsdam. AfD-Politiker mit hochrangigen Verbindungen in die Partei, Mitglieder der Werteunion und finanzstarke Unternehmer hatten sich darüber ausgetauscht, wie man Menschen mit einer Einwanderungsgeschichte aus Deutschland wieder loswerden könnte. CORRECTIV schrieb dazu: «Im Grunde laufen die Gedankenspiele an diesem Tag alle auf eines hinaus: Menschen sollen aus Deutschland verdrängt werden können, wenn sie die vermeintlich falsche Hautfarbe oder Herkunft haben – und aus Sicht von Menschen wie Sellner nicht ausreichend ‹assimiliert› sind. Selbst dann, wenn sie deutsche Staatsbürger sind.»[9]

Diese Deportationspläne waren keine Überraschung. Schließlich hatte Björn Höcke, der starke Mann der AfD, schon vor Jahren genau das gefordert.[10]

Aber jetzt erreichten diese menschenfeindlichen Pläne eine größere Öffentlichkeit und stießen auf breite Empörung. «Nie wieder ist jetzt» stand auf den Plakaten, die auf den Demonstrationen daran erinnerten, dass es in der deutschen Geschichte schon einmal eine Ausgrenzungspolitik gab – damals mit schrecklichem Ende in Auschwitz. Bis Anfang März waren 3,9 Millionen Menschen in über 1100 Demonstrationen gegen den Rechtsextremismus in Deutschland auf die Straße gegangen.[11] Auf einmal hatten sich viele an die Warnung von Erich Kästner erinnert: «Die Ereignisse von 1933 bis 1945 hätten spätestens 1928 bekämpft werden müssen. Später war es zu spät. Man darf nicht warten, bis der Freiheitskampf Landesverrat genannt wird. Man darf nicht warten, bis aus dem Schneeball eine Lawine geworden ist. Man muss den rollenden Schneeball zertreten. Die Lawine hält keiner mehr auf.»[12]

Die Massenproteste haben die AfD und ihren Anhang tief verunsichert. Viele hatten die eigene Behauptung selbst geglaubt, wonach die AfD die Mehrheit der Bevölkerung hinter sich habe. Die größten Demonstrationen, die Deutschland in seiner Nachkriegsgeschichte erlebt hat, haben allen vor Augen geführt, dass das eine erlogene Selbsttäuschung ist.

Anderen haben diese Demonstrationen Mut gemacht und Zuversicht in die deutsche Demokratie gegeben. Denn viele Menschen mit dunkler Hautfarbe und einem fremd klingenden Namen fühlen sich durch die immer stärker werdende AfD persönlich bedroht. Nicht ohne Grund, wie die gewaltsamen Übergriffe gegen Flüchtlingsunterkünfte oder Moscheen zeigen.

In vielen kleineren Städten Ostdeutschlands haben Rechtsextremisten es geschafft, durch wöchentliche Montagswachen den öffentlichen Raum zu dominieren und Andersdenkende einzuschüchtern. So marschieren in Bautzen jeden Montag dreihundert, manchmal sogar tausend Menschen hinter Trommeln und Fahnen durch die engen, mittelalterlichen Gassen und schreien ausländerfeindlich Parolen. Geschäfte schließen eher, viele trauen sich am Montagabend nicht mehr auf die Straße.

Jetzt gibt es auch in Bautzen Initiativen, die für eine bunte, vielfältige und offene Stadt werben. Die montags mit Kunst und Kultur einen öffentlichen Kontrapunkt auf den Plätzen der Stadt setzen wollen, und deren Verfechterinnen und Verfechter mit Europa-, Deutschland- und Regenbogenfahnen entlang der B 96 am Straßenrand stehen, um den rechtsextremistischen Aufmärschen etwas entgegenzusetzen.[13]

Demonstrieren Sie mit, wenn in Ihrer Stadt dazu aufgerufen wird. Malen Sie sich ein eigenes Schild und stellen sie es nach der Demo noch ein paar Tage ins Fenster. Je mehr mitmachen, desto besser. Sie lernen Gleichgesinnte kennen und merken, dass Sie mit Ihren Sorgen nicht allein sind. Und dass man gemeinsam etwas tun kann.

7. Stellen Sie mit Gleichgesinnten etwas auf die Beine!

Je lebendiger die Zivilgesellschaft, desto stärker und widerstandsfähiger ist die Demokratie. Nichtregierung-Organisationen (NGO), Initiativen und Vereine unterschiedlichster Zielsetzung legen einen dichten Freiheitsteppich über unser Land. Wir können uns mit Gleichgesinnten zusammentun, um unsere Freiheit zu leben und unsere Ziele besser zu erreichen. Denn das klappt besser, wenn andere mithelfen.[14]

Das Grundgesetz garantiert die Vereinigungsfreiheit in Art. 9, Abs. 1. Unsere Verfassung weiß, wie wichtig freie Vereine und unabhängige Organisationen für unsere Demokratie sind. Aus dem gleichen Grund sind sie autoritären und diktatorischen Regimen ein Dorn im Auge. Eine freiheitliche und starke Zivilgesellschaft steht ihrem illegitimen Herrschaftsanspruch entgegen.

Schon wenige Monate nach ihrer Machtergreifung hatten die Nationalsozialisten 1933 damit begonnen, die meisten Organisationen im Staat gleichzuschalten. Parteien, Verbände, Vereine und die Medien wurden auf die politischen Ziele und Vorgaben der NSDAP ausgerichtet.[15]

Auch in der DDR sollten möglichst alle Organisationen durch den SED-Staat gesteuert werden. Auf der zweiten Parteikonferenz der SED vom 09. bis 12. Juli 1952 wurde der planmäßige «Aufbau des Sozialismus» in der DDR beschlossen. Dies bedeutete die politische, wirtschaftliche und kulturelle Gleichschaltung nach den Richtlinien des Marxismus-Leninismus.[16]

Bis heute wirkt in Ostdeutschland nach, dass sich zwischen 1933 und 1989 keine freiheitliche Zivilgesellschaft entwickeln konnte. Umso wichtiger, die jungen und neuen Initiativen zu unterstützen und zu nutzen, die sich seitdem gebildet haben.

Weil eine starke Demokratie von aktiven Bürgerinnen und Bürgern lebt, die sich einbringen, um im Sinn des Gemeinwohls mitzugestalten, ist das Ehrenamt Motor der Demokratie. Im Kleinen wird geübt und praktiziert, was im Großen das demokratische Gemeinwesen trägt: «Gemeinsame Ziele auf der Grundlage demokratischer Regeln und Aushandlungsprozesse zu erreichen sowie fair zu gewinnen und zu verlieren.»[17]

Ehrenamtliches Engagement macht unsere Gesellschaft menschlicher. Der Staat könnte gar nicht leisten, was die rund 29 Millionen Menschen für den Zusammenhalt unserer Gesellschaft tun, die sich freiwillig und unentgeltlich für das Gemeinwohl engagieren. Jede und jeder Dritte ist dabei – Sie auch?

Deutschland sollte kinderfreundlicher werden? Das sehen viele genauso wie Sie. Im Kinderschutzbund und anderen Initiativen arbeiten sie an konkreten Verbesserungen. Hier können Sie Ihre Ideen einbringen.

Sie machen sich Sorgen wegen der Erderhitzung? Viele Initiativen kämpfen für mehr Klimaschutz. Sie arbeiten erfolgreich auch grenzüberschreitend zusammen. Ohne diese NGOs hätte es den Pariser Klimagipfel nicht gegeben. Werden Sie Mitglied in einer Umweltschutz-Organisation wie z. B. dem Bund Umwelt- und Naturschutz (BUND), dem World Wildlife Funds (WWW) oder Greenpeace.

Sie wollen etwas für die Menschenrechte tun? Terre des Hommes schützt weltweit Kinder vor Gewalt: vor Sklaverei, Ausbeutung, Missbrauch und Vernachlässigung. Schließen Sie sich einer Ortsgruppe in Ihrer Nähe an.

Sie sind entsetzt, weil so viele Menschen im Mittelmeer ertrinken, die sich in Europa in Sicherheit bringen wollen vor Krieg, Verfolgung, Hunger und wirtschaftlicher Not? Es gibt Organisationen wie Pro Asyl oder Mission Lifeline, die sich für eine humanitäre Flüchtlings- und Asylpolitik einsetzen. Helfen Sie ihnen.

8. Engagieren Sie sich in Nachbarschaft und Gemeinde!

Ihre Stadt oder Gemeinde bietet sehr viele Möglichkeiten für Sie, mit anzupacken und sich zu engagieren.

Sie machen sich Sorgen, weil immer mehr Menschen im Alter einsam sind? Wohlfahrtsverbände wie Caritas oder Diakonie freuen sich über Sie, wenn Sie bei der Nachbarschaftshilfe mitmachen.

Ihre Gemeinde hat Flüchtlinge untergebracht und sie wohnen in der Nachbarschaft? Nehmen Sie Kontakt zu ihnen auf. Organisieren Sie mit Ihren Nachbarn ein Straßenfest und laden Sie die Flüchtlinge dazu ein. Vielleicht braucht jemand Hilfe bei Behördengängen. Die Kinder gehen in die Schule und können noch nicht so gut deutsch. Helfen Sie bei den Hausaufgaben.

Frauen sind oft sexistischer und häuslicher Gewalt ausgesetzt. Es gibt Initiativen und Vereine, die konkrete Hilfe anbieten. Engagieren Sie sich.

Jugendliche wissen mit sich nichts anzufangen und hängen nur rum? Helfen Sie dem Sportverein dabei, die Angebote für Jugendliche auszuweiten.

Sie finden, es müsste mehr zum Schutz für Tiere getan werden? Das örtliche Tierheim sucht Menschen, die sich um die abgegebenen Tiere kümmern und mit den Hunden spazieren gehen.

Das Schöne beim Engagement vor Ort und in der Nachbarschaft: Sie können Ihre Fähigkeiten einbringen. Fotografieren Sie gern? Der Internet-Auftritt Ihres Vereins lebt von guten Fotos. Sie kennen sich mit Finanzen aus? Dann können Sie mithelfen, dass ihr Verein mehr Spenden für seine Arbeit bekommt. Sie können gut mit dem Computer? Dann werden Sie von jedem Verein besonders gesucht.

9. Spenden Sie Geld!

Es kann immer gute Gründe geben, warum Sie sich beim besten Willen nicht persönlich einbringen können. Ihre Gesundheit lässt es nicht zu oder Ihre kleinen Kinder brauchen Sie rund um die Uhr. Sie können trotzdem einen wichtigen Beitrag für unsere Demokratie leisten. Spenden Sie Geld für die Vereine und Initiativen, die sich um das kümmern, was Ihnen besonders am Herzen liegt. Auch kleine Beträge helfen. Nicht nur karitative Organisationen freuen sich über Ihre Unterstützung. Es kostet auch Geld, die Lautsprecher-Anlage für eine Demonstration gegen Rechtsextremismus anzumieten.

10. Bestimmen Sie mit!

Unsere demokratische Gesellschaft bietet jede Menge Möglichkeiten, an Entscheidungen mitzuwirken, von denen Sie und andere betroffen sind. Das fängt in der Schule an. Die gewählte Schülervertretung hat die Aufgabe, die Interessen der Schülerinnen und Schüler bei der Gestaltung der Bildungs- und Erziehungsarbeit zu vertreten und ihre fachlichen, kulturellen, sportlichen, politischen und sozialen Interessen zu fördern.[18] Dabei sammelt man erste Erfahrungen, wie man an demokratischen Entscheidungsprozessen teilnehmen und sie beeinflussen kann. Diese Chance sollten Kinder und Jugendliche sich nicht entgehen lassen.

Deutlich weitergehende Mitbestimmungsmöglichkeiten sehen die Hochschulgesetze der Länder für Studentinnen und Studenten vor. In wichtigen sozialen Fragen verwalten Studierende ihre Angelegenheiten selbst (z. B. Semesterticket im ÖPNV). Kandidieren Sie für die Fachschaft oder das Studentenparlament und entscheiden Sie mit über Ihre Studienbedingungen und die Verwendung des Semesterbeitrags.

Im Betrieb vertritt der Betriebsrat die Interessen der Beschäftigten und kann stellvertretend für sie mit dem Arbeitgeber verhandeln. Das Betriebsverfassungsgesetz gibt ihm Mitwirkungsrechte im Betriebsalltag, aber auch bei Einstellungen und Kündigungen sowie der allgemeinen Unternehmensführung. Treten Sie einer Gewerkschaft bei und kandidieren Sie für den Betriebsrat in Ihrem Unternehmen.[19]

Sie können sogar bei Gerichtsurteilen in Strafverfahren mitbestimmen. Werden Sie Schöffe. Dann sind Sie ehrenamtliche Richterin oder Richter. Sie brauchen als Schöffe keine juristische Ausbildung.[20] Gemeinsam mit den Berufsrichtern entscheiden Sie vor allem darüber, ob dem Angeklagten die Tat nachgewiesen werden konnte, und sprechen mit bei der Festsetzung der Strafe. Die Beteiligung von ehrenamtlichen Richterinnen und Richtern in der Strafjustiz ist ein wichtiges Element des demokratischen Rechtsstaats. Als Bindeglied zwischen dem Staat und den Bürgerinnen stärken

Schöffen das Vertrauen in die Strafjustiz. Klingt interessant für Sie? Dann nehmen Sie Kontakt zu Ihrer Gemeinde auf, die eine Vorschlagsliste aufstellt, über die der Rat abstimmt. Die Amtszeit beträgt fünf Jahre.

Wenn zwei sich streiten, sind Sie besonders gut darin, zwischen beiden zu vermitteln? Sie sind nicht vorbestraft, älter als 25 bzw. 30 Jahre und noch keine 70 Jahre alt? Dann bewerben Sie sich doch bei Ihrer Gemeinde um das Amt einer Schiedsfrau oder eines Schiedsmanns. Wenn sich Nachbarn streiten, weil die Äste des Kirschbaums über den Zaun reichen, wenn ein Wortwechsel zu Beleidigungen geführt hat – bei bestimmten Streitereien zwischen Nachbarn und in Strafsachen leichterer Kriminalität müssen Schlichtungsversuche unternommen werden, um zu vermeiden, dass sie vor Gericht verhandelt werden.[21] Wie bei den Schöffen beträgt die Amtszeit für Schiedsleute fünf Jahre. Je größer die Gemeinde, desto mehr Schiedsleute werden bestellt.

11. Treten Sie in eine politische Partei ein!

Wer sich bei Greenpeace oder dem Weißen Ring engagiert, kann sich meist hundertprozentig mit den Zielen dieser NGO identifizieren. Das macht es verhältnismäßig leicht, in eine NGO einzutreten. Bei politischen Parteien ist das anders.

Die Gründe sind vielfältig: Da ist das generell schlechte Ansehen von Politik. Parteipolitik ist die Steigerung davon. Mit dem «schmutzigen Geschäft» Politik will man lieber nichts zu tun haben. In Ostdeutschland kommt noch die spezielle Erfahrung mit der SED und den Blockparteien hinzu, weshalb man lieber Abstand hält.

Außerdem werden Sie in jeder Partei Programmpunkte finden, die Ihnen nicht gefallen. Trotzdem bekommen Parteimitglieder auch dann Kritik ab, wenn sie selbst nicht gut finden, was ihre Partei gerade macht. Wer nicht nur etwas Sinnvolles für unsere Gesellschaft tun will, sondern auch eine gewisse öffentliche Anerkennung dafür erwartet, macht besser beim Roten Kreuz mit, als sich in einer politischen Partei zu engagieren. Aber eine repräsentative Demokratie ist nun mal ohne politische Parteien nicht denkbar. Leider sind in Deutschland nur etwas mehr als eine Million Menschen Mitglieder einer Partei.[22]

Das sind viel zu wenig.

Auch ich hatte zunächst nicht vor, mich in einer politischen Partei zu engagieren. Stattdessen hatte ich mich zu Beginn meines Studiums über Amnesty International und andere NGOs informiert. Ein Großteil der NGO-Arbeit besteht darin, politischen Druck zu machen und Forderungen an die Politik zu richten, damit die mehr für Menschenrechte oder die Umwelt tut. Die Schlussfolgerung lag nahe: Warum dann nicht in eine politische Partei eintreten, um dort dabei zu sein, wo diese Entscheidungen getroffen werden, statt sie nur zu fordern?

Aber welche Partei käme in Frage? Ich hatte einen Eindruck von den führenden Politikerinnen und Poli tikern, aber die örtlichen Partei-Gliederungen waren mir fremd. Deshalb habe ich sie mir näher angesehen. Es gibt öffentliche Informationsveranstaltungen. Man kann sich auf Einladungsverteiler setzen lassen.

Ich habe keine Partei gefunden, mit der ich hundertprozentig einverstanden gewesen wäre. Aber mir war klar: Wenn ich etwas bewirken will, schaffe ich das nicht allein, sondern nur zusammen mit anderen. Deshalb habe ich mir die Partei ausgesucht, mit deren Grundsätzen und generellen Zielen ich mich identifizieren konnte.

Ansonsten reicht es, mit 60 bis 70 Prozent dessen einverstanden zu sein, was die Partei so macht. Ich finde bis heute: Das ist eine gute und völlig ausreichende Quote. Wichtig dabei ist nur, dass man Mehrheitsentscheidungen mitträgt, auch wenn man überstimmt wurde. Schließlich erwartet man umgekehrt von den anderen Parteimitgliedern dasselbe. Das gilt vor allem, wenn man Mitglied einer Gemeinderatsfraktion ist.

Parteien wirken nicht nur sporadisch, wie eine Bürgerinitiative, sondern dauerhaft an der politischen Gestaltung der Gesellschaft mit. Heute bieten alle demokratischen Parteien auch Nichtmitgliedern an, sich an der Arbeit zu beteiligen. Während dieser sogenannten Schnuppermitgliedschaften lernt man die anderen

Mitglieder kennen und bekommt einen genaueren Eindruck, worum sich die Partei gerade kümmert und wie sie ihre Ziele erreichen will. In den Ortsvereinen geht es meist um kommunalpolitische Themen.

Sie sind jünger als 35? Das ist die Altersgrenze, bis zu der man sich in den Jugendorganisationen der Parteien engagieren kann. Die Mitgliedschaft in der Jugendorganisation setzt nicht zwingend voraus, dass man auch in die Mutterpartei eintritt.

Gerade weil das Image politischer Parteien nicht das beste ist, brauchen sie tüchtige Menschen wie Sie, damit sich das ändert.

12. Bedanken Sie sich!

Mancherorts werden Kommunalpolitiker regelrecht angefeindet. Bürgermeister geben auf, weil sie von Rechtsextremisten systematisch unter Druck gesetzt und bedroht werden. Stärken Sie den ehrenamtlichen Kommunalpolitikerinnen und Kommunalpolitikern den Rücken. Bedanken Sie sich dafür, dass sie Woche für Woche in vielen Stunden ihrer Freizeit arbeiten, um Ihre Gemeinde voranzubringen – auch wenn Sie mit den Ergebnissen nicht immer einverstanden sind.

Feuerwehr und Sanitäter werden manchmal sogar tätlich angegriffen und an ihrem Rettungseinsatz gehindert. Wenn Sie Rettungskräfte treffen: Bedanken Sie sich bei ihnen für ihre lebensrettende Arbeit.

Auch der Briefträger oder die Arbeiter der Müllabfuhr freuen sich über ein gelegentliches Dankeschön. Sich zu bedanken stärkt den gesellschaftlichen Zusammenhalt, den größten Feind der Rechtsextremisten.

Die Zukunft demokratisch meistern

Prognosen sind ungewiss, besonders wenn sie die Zukunft betreffen, lautet ein viel zitiertes Bonmot. Wir wissen nicht genau, was kommt. Aber wir spüren: Durch Globalisierung, Digitalisierung und künstliche Intelligenz nimmt die Veränderungsgeschwindigkeit immer mehr zu.

Werden wir es schaffen, diese Entwicklungen selbst zu steuern, oder werden wir zu bloßen Objekten, getrieben von globalen Entwicklungen, Technologien und ihren Eigengesetzlichkeiten? Wie ist es um die Anpassungsfähigkeit unserer Gesellschaft bestellt?

Autoritäre Systeme können schneller entscheiden als eine Demokratie mit ihren ungezählten Beteiligungsrechten und -pflichten. China baut zehn Flughäfen in der Zeit, die Deutschland brauchte, um den Berliner Flughafen endlich fertig zu bekommen.

Aber Schnelligkeit ist nicht alles. Weil wir Menschen im Kleinen wie im Großen irren können, geht es auch darum, Irrtümer rasch zu erkennen und sie korrigieren zu können. Aus der Evolutionsgeschichte wissen wir, dass nur überlebt, wer sich anpassen kann.

Demokratien sind autoritären Systemen weit überlegen, wenn es um Anpassungsfähigkeit geht. Demokratische Gesellschaften lernen schneller und besser als Diktaturen. Dafür sorgen die Freiheitsrechte für Wissenschaft, Presse, und Information. Der Wettbewerb in der Wirtschaft zwingt zum Lernen. Die Konkurrenz zwischen Regierung und Opposition stimuliert die Suche nach besseren Alternativen. Alle vier Jahre können die Wählerinnen und Wähler den Kurs korrigieren. Kritik und Gegenkritik sind das Salz in der Suppe, die Kraft gibt, um Veränderungen zu meistern.

So konnten demokratisch regierte Länder ihre Strategie zur Bekämpfung der Corona-Pandemie den neu gewonnenen Erkenntnissen anpassen. Die chinesische Regierung hatte sich zu Beginn auf eine rigorose Lockdown-Strategie festgelegt. Präsident Xi Jingping hatte sie als die einzig richtige verkündet. Kurskorrekturen hätten seine Autorität und Weitsicht in Frage gestellt.

Deshalb wurde Shanghai noch wochenlang abgeriegelt, obwohl es dank der Impfung längst weniger einschneidende Maßnahmen gegeben hätte.

Wird die Kontrolle der Regierungsgewalt ausgehebelt oder geschwächt, ist diese weniger rechenschaftspflichtig für das, was sie tut. Wenn politische Beteiligungsrechte fehlen, bleibt die Regierung von Kritik verschont. «Amtsmissbrauch, Korruption und Missmanagement bleiben ungeahndet, mitunter sogar unkommentiert», schreibt die Bertelsmann-Stiftung in ihrem Transformationsindex (BTI).[1] Seit 20 Jahren untersucht und vergleicht der BTI weltweit Transformationsprozesse zu Demokratie und Marktwirtschaft und identifiziert erfolgreiche Strategien für den friedlichen Wandel.

Autoritär regierte Staaten drängen ganze Gruppen der Bevölkerung ins Abseits. Die Gesellschaft wird unzureichend versorgt und schlecht verwaltet. Korruption ist weit verbreitet.[2] Deshalb sind diese Staaten weniger zukunftsfest. Wer politische Beteiligungsrechte einschränkt und absichtsvoll polarisiert, um die eigene Herrschaft zu sichern, verschärft die politischen, sozialen, ethnischen oder religiösen Konflikte. Und schwächt damit die Problemlösungskompetenz der eigenen Bevölkerung. In populistisch regierten Ländern nehmen Polarisierung und soziale Spaltung zu.

Die Ungleichheit steigt, das Wachstum fällt. «Populismus ist nicht nur schlecht für die politische Kultur eines Landes, sondern auch für den Geldbeutel der Bürger.»[3]

Es ist die Stärke von Demokratien, durch Freiheitsrechte, Wettbewerb, sozialen Ausgleich und faire Kompromisse die gesellschaftlichen Kräfte so zu mobilisieren, dass das Schiff gut durch die Fährnisse der Zukunft gesteuert werden kann. *All hands on deck* bedeutet in der Seemannssprache, dass in stürmischer See alle gebraucht werden, damit das Schiff Kurs halten kann und nicht leck geschlagen wird und untergeht.

All hands on deck gilt auch für unsere Demokratie. Jede und jeder wird gebraucht. Bitte, tun Sie was!

Anmerkungen

Vorbemerkung

1 https://pages.eiu.com/rs/753-RIQ-438/images/eiu-democra
cy-index-2021.pdf?mkt_tok=NzUzLVJJUS00MzgAAAGC
hqeD8l39CrR_hHm5HQv73Y8jZ3xfue2JieIcLjz3tsz4GhW
yRXJZbrkukJXFdIXKuucMEX0-n_2jS9Xaz6GfDZT1YaG
_Wsa6TYlL6OA7__E7LA

Erster Teil: Was Demokratie für uns bedeutet

1 In einer weltweiten Umfrage zu 85 ausgewählten Nationen
wurde für das Best Countries Ranking 2023 die Wahrneh-
mung eines Landes anhand von 73 Eigenschaften bewertet,
die mit einer modernen Nation in den Bereichen Politik,

Wirtschaft und Kultur in Verbindung gebracht werden. Zum Ergebnis des Rankings: https://de.statista.com/statist ik/daten/studie/732084/umfrage/top-20-der-laender-mit-der-hoechsten-lebensqualitaet-nach-dem-best-countries-ranking/

2 Das heben auch die baden-württembergischen Arbeitgeber und Gewerkschaften in der Metallindustrie in einer lesenswerten gemeinsamen Erklärung hervor: https://www.br.de/ nachrichten/wirtschaft/bayerische-metallindustrie-erklae rung-gegen-afd,U69BiSe

3 https://www.handelsblatt.com/politik/international/reisepa esse-ranking-das-sind-die-wertvollsten-reisepaesse-der-welt-2024/29307736.html

4 https://www.deinemenschenrechte.de/what-are-human-rights/brief-history/magna-carta.html

5 https://www.deutschlandfunk.de/27-5-1679-vor-325-jahren-100.html

6 https://www.bpb.de/kurz-knapp/lexika/das-junge-politik-lexikon/320410/gewaltenteilung/

7 Karl Popper, Alles Leben ist Problemlösen, Zur Theorie der Demokratie, München 1996, S. 208

8 Siehe dazu näher Anna Katharina Mangold, Das Böckenförde-Diktum, Verfassungsblog, 09.05.2019 https://verfas sungsblog.de/das-boeckenfoerde-diktum/

9 Ernst-Wolfgang Böckenförde, Demokratie als Verfassungsprinzip, in: Staat, Verfassung, Demokratie, Frankfurt a. M. 1991, S. 359 ff.

10 Norbert Lammert im Gespräch mit Jörg Tadeusz, Phoenix, 17.03.24: https://x.com/phoenix_de/status/17693027191754 67463?s=61&t=huSNE079fNzrmf4topSVZA

11 Karl Popper, The Open Society and Its Enemies. Routledge, London 1945. Deutsche Übersetzung: Die offene Gesellschaft und ihre Feinde, Band 1. Francke, Bern 1957
12 Yuval Noah Harari, Eine kurze Geschichte der Menschheit, München 2013, S. 37 ff.

Zweiter Teil: Was die Demokratie gefährdet

1 https://www.kas.de/documents/d/guest/finaler-text-24-02-19-baeumchen-wechsel-dich-sabine-pokorny-240113729-_final#page4, vgl. dazu auch Ruprecht Polenz, https://mission-lifeline.de/steht-unsere-demokratie-auf-toenernen-fuessen/

2 https://www.spiegel.de/politik/deutschland/propaganda-in-der-modernen-politik-wir-sind-in-einer-neuen-aera-der-propaganda-a-30ce993b-6bf9-4a52-856b-9fc040934ec0

3 https://www.spiegel.de/ausland/steve-bannon-ex-chefstratege-von-donald-trump-will-sich-in-deutsche-politik-einmischen-a-457d8b5f-0cca-4636-920d-991fa45e39ba?sara_ref=re-so-app-sh

4 https://www.wiwo.de/politik/deutschland/tauchsieder-wir-bekommen-nichts-mehr-erledigt/29648456.html

5 https://de.statista.com/statistik/daten/studie/13080/umfrage/beurteilung-der-problemloesungskompetenz-der-parteien/

6 https://www.faz.net/aktuell/rhein-main/politikverdrossenheit-und-afd-wie-die-demokratie-kaputtgeredet-wird-19525723.html?xtor=EREC-7-%5BMeinung%5D-20240221&campID=MAIL_REDNL_AUDI_OWN_na_na_na_na_na_na_Meinung_PDM 23601

7 https://www.opensocietyfoundations.org/uploads/e6cd5a0
   9-cd19-4587-aa06-368d3fc78917/open-society-barometer-
   can-democracy-deliver-20230911.pdf S. 9

8 https://de.statista.com/statistik/daten/studie/160140/umfra
   ge/bewertung-der-demokratie-als-regierungsform/

9 https://www.uni-hohenheim.de/fileadmin/uni_hohenheim/
   Aktuelles/Uni-News/Pressemitteilungen/2023-08_Populis
   mus_und_Demokratie.pdf

10 https://www.uni-hohenheim.de/fileadmin/uni_hohenheim/
   Aktuelles/Uni-News/Pressemitteilungen/2023-08_Populis
   mus_und_Demokratie.pdf

11 https://medienvertrauen.uni-mainz.de/files/2024/04/Main
   zer_Langzeitstudie_Medienvertrauen_2023.pdf;   https://
   www.spiegel.de/wissenschaft/mensch/desinformation-gut-
   glaeubige-trottel-sind-immer-die-anderen-kolumne-a-f161e
   716-e5f0-4142-8376-1c6e55cc5958

12 https://www.uni-hohenheim.de/fileadmin/uni_hohenheim/
   Aktuelles/Uni-News/Pressemitteilungen/2023-08_Populis
   mus_und_Demokratie.pdf

13 https://www.bertelsmann-stiftung.de/de/themen/aktuelle-
   meldungen/2024/februar/grosse-mehrheit-erkennt-in-des
   information-eine-gefahr-fuer-demokratie-und-zusammen
   halt

14 https://www.bertelsmann-stiftung.de/de/themen/aktuelle-
   meldungen/2024/februar/grosse-mehrheit-erkennt-in-des
   information-eine-gefahr-fuer-demokratie-und-zusammen
   halt

15 https://www.spiegel.de/politik/deutschland/propaganda-in-
   der-modernen-politik-wir-sind-in-einer-neuen-aera-der-
   propaganda-a-30ce993b-6bf9-4a52-856b-9fc040934ec0

16 https://www.spiegel.de/politik/deutschland/propaganda-in-der-modernen-politik-wir-sind-in-einer-neuen-aera-der-propaganda-a-30ce993b-6bf9-4a52-856b-9fc040934ec0

17 https://www.swr.de/swraktuell/baden-wuerttemberg/friedrichshafen/allensbach-umfrage-zu-demokratie-in-deutschland-100.html

18 Vgl. im Folgenden Ruprecht Polenz, Freiheit ist anstrengend, Bautzener Rede vom 10. Januar 2024, gehalten im Dom St. Petri zu Bautzen, https://publikum.net/freiheit-ist-anstrengend/?fbclid=IwAR0IUvLS0EIE5A9T5Zj_8xH3Y8U7HugWHn5UtEMlL70h-lEGUqscd5SWDco_aem_AUh16SoQADCsC89IkGVybxFcya7AFTdaTo-aWkTW6OQZtKPTFDaGE89ceKKNWn4jrEI

19 https://www.spiegel.de/politik/deutschland/propaganda-in-der-modernen-politik-wir-sind-in-einer-neuen-aera-der-propaganda-a-30ce993b-6bf9-4a52-856b-9fc040934ec0

20 Näher dazu https://www.bundesverfassungsgericht.de/DE/Verfahren/Wichtige-Verfahrensarten/Parteiverbotsverfahren/parteiverbotsverfahren_node.html

21 https://www.bundestag.de/resource/blob/514634/712a7519e347b3cf1d8f84e00ecbe1f4/Parteiverbote-in-der-Bundesrepublik-Deutschland-data.pdf

22 https://www.zdf.de/nachrichten/politik/deutschland/afd-verbot-unterschriften-100.html#xtor=CS5-281

23 https://taz.de/AfD-Verbot-und-Grundrechtsverwirkung/!5985409&/

24 https://taz.de/AfD-Verbot-und-Grundrechtsverwirkung/!5985409&/

25 Björn Höcke, Nie zweimal in denselben Fluss, Lüdinghausen und Berlin 2018, 3. Auflage 2019, S. 254

26 Höcke, a. a. O., S. 257 f.

27 Steven Levitsky / Daniel Ziblatt, Wie Demokratien sterben – und was wir dagegen tun können, 7. Auflage, München 2018

28 https://www.washingtonpost.com/politics/2021/01/24/trumps-false-or-misleading-claims-total-30573-over-four-years/

29 Hannah Ahrendt, Wahrheit und Lüge in der Politik, Zwei Essays, München 1972, S. 10

30 https://www.spiegel.de/politik/deutschland/propaganda-in-der-modernen-politik-wir-sind-in-einer-neuen-aera-der-propaganda-a-30ce993b-6bf9-4a52-856b-9fc040934ec0

31 https://eu.usatoday.com/story/news/politics/2017/07/25/full-text-john-mccains-senate-floor-speech/509799001/

32 Reichskanzler Wilhelm Marx (Zentrum) beim «Volksverein für das katholische Deutschland»: https://www.theologie-und-kirche.de/volksverein-kundgebung.html

Dritter Teil: Was tun?

1 https://doi.org/10.57964/wbmd-xm78

2 https://www.faz.net/aktuell/gesellschaft/menschen/hape-kerkeling-im-interview-das-laecheln-faellt-mir-nicht-immer-leicht-19571254.html?xtor=EREC-7-%5BDer_Tag_am_Mittag%5D-20240313&campID=MAIL_REDNL_AUDI_OWN_na_na_na_na_na_na_Der-Tag-am-Mittag_PEM21594

3 Vgl z. B. Julia Ebner, Massenradikalisierung – Wie die Mitte Extremisten zum Opfer fällt, Berlin 2023, S. 69 ff.

4 https://blog.hubspot.de/marketing/social-media-in-deut
schland

5 https://www.capterra.com.de/blog/3488/social-media-nut
zung-nach-alter

6 https://www.krick.com/expertenblog/soziale-medien-als-
nachrichtenquelle

7 https://www.onetoone.de/artikel/db/681711gehl.html

8 https://correctiv.org/projekte/faktenforum/

9 https://correctiv.org/aktuelles/neue-rechte/2024/01/10/ge
heimplan-remigration-vertreibung-afd-rechtsextreme-no
vember-treffen/

10 s. o. S. 48f.

11 https://www.volksverpetzer.de/aktuelles/demo-auf-strasse-
uebersicht-0503/

12 Erich Kästner, Rede anlässlich der 25. Wiederkehr der Bü-
cherverbrennung des Jahres 1933 bei der PEN-Tagung in
Hamburg am 10. Mai 1958: https://www.plus.ac.at/wp-con
tent/uploads/2021/02/1289234.pdf

13 https://www.b96begradigen.de

14 https://www.ssoar.info/ssoar/bitstream/handle/document/
75050/ssoar-2021-grande_et_al-Zivilgesellschaft_in_der_
Bundesrepublik_Deutschland.pdf?sequence=1&isAllo
wed=y&lnkname=ssoar-2021-grande_et_al-Zivilgesell
schaft_in_der_Bundesrepublik_Deutschland.pdf

15 https://www.bpb.de/kurz-knapp/lexika/das-junge-politik-
lexikon/320425/gleichschaltung/

16 Vgl. https://www.lztthueringen.de/media/eschichte_der_
ddr.pdf S. 16

17 https://www.bmi.bund.de/DE/themen/heimat-integrati
on/buergerschaftliches-engagement/bedeutung-engage

ment/engagement-node.html;jsessionid=487F06F4FCE353
96D4096AF847CCC28D.live871

18 https://www.schulministerium.nrw/schuelervertretung

19 https://www.dgb.de/betriebsrat

20 https://www.justiz.nrw.de/BS/lebenslagen/Strafrecht/ver
fahren/Verfahrensbeteiligte/schoeffe/index.php#

21 https://broschuerenservice.nrw.de/default/files?download_
page=0&product_id=1862&files=9/9/990ad6b74bdd34d2e
23c589ae42f394b.pdf

22 https://de.statista.com/statistik/daten/studie/1339/umfrage/
mitgliederzahlen-der-politischen-parteien-deutschlands/

Die Zukunft demokratisch meistern

1 https://bti-project.org/fileadmin/api/content/de/downloa
ds/BTI_2024_Ergebnisueberblick.pdf S. 2

2 Ebd. S. 15

3 https://www.faz.net/aktuell/wirtschaft/die-kosten-des-popu
lismus-studie-beziffert-wirtschaftliche-schaeden-19606752.
html?xtor=EREC-7-%5BWirtschaft%5D-20240325&camp
ID=MAIL_REDNL_AUDI_OWN_na_na_na_na_na_na_
na_Wirtschaft_PEM21592